토익 실전 연습   Week **22**

Part 1

QR코드 하나를
가리고 찍으면 편해요!

▲ MP3 바로듣기   ▲ 강의 바로보기

1.

2.

3.

4.

5.

6.

Part 2

7. Mark your answer.   (A) (B) (C)

8. Mark your answer.   (A) (B) (C)

9. Mark your answer.   (A) (B) (C)

10. Mark your answer.   (A) (B) (C)

11. Mark your answer.   (A) (B) (C)

12. Mark your answer.   (A) (B) (C)

13. Mark your answer.   (A) (B) (C)

14. Mark your answer.   (A) (B) (C)

15. Mark your answer.   (A) (B) (C)

16. Mark your answer.   (A) (B) (C)

17. Mark your answer.   (A) (B) (C)

18. Mark your answer.   (A) (B) (C)

19. Mark your answer.   (A) (B) (C)

20. Mark your answer.   (A) (B) (C)

21. Mark your answer.   (A) (B) (C)

22. Mark your answer.   (A) (B) (C)

23. Mark your answer.   (A) (B) (C)

24. Mark your answer.   (A) (B) (C)

25. Mark your answer.   (A) (B) (C)

26. Mark your answer.   (A) (B) (C)

1. '보다' 관련 정답 표현 [Part 1]

look 보다	The woman is **looking out** the window.	창밖을 보고 있다.
	The woman is **looking through** her bag.	가방 안을 확인하고 있다.
	The woman is **looking into** a cabinet.	캐비닛 안을 들여다보고 있다.
check ~을 확인하다	The man is **checking** a mobile phone.	휴대폰을 확인하고 있다.
study ~을 자세히 보다	The man is **studying** a menu.	메뉴를 자세히 보고 있다.
examine ~을 자세히 보다	She's **examining** some clothing.	의류를 자세히 살펴보고 있다.
inspect ~을 자세히 보다	A worker is **inspecting** an engine.	엔진을 자세히 살펴보고 있다.
review ~을 검토하다	They're **reviewing** some documents.	서류를 검토하고 있다.
brows ~을 둘러보다	They're **browsing** the shelves of a library.	도서관의 책장을 둘러보고 있다.

2. display를 이용한 진열 표현 [Part 1]

'진열되어 있다'는 다음과 같이 여러 형태로 표현할 수 있습니다. 참고로, display는 명사(진열)와 동사(~을 진열하다) 둘 다로 쓰입니다.

❶ ~이 진열되어 있다

· be on display　　　　　　　　· be displayed
· be being displayed

❷ 신발들이 진열되어 있다

· Some shoes are on display.　　· Some shoes are displayed.
· Some shoes are being displayed.

❸ 사람들이 신발 진열을 보고 있다

· They're looking at a display of shoes.

3. 빈출 What 의문문 답변 Part 2

❶ What do you think of ~? → 긍정적 답변

- It's better than the old one. 전에 것보다 좋아요.
- It sounds like a great idea. 정말 좋은 생각 같아요.
- That seems like an effective policy. 효율적인 정책인 것 같아요.

❷ What should I [we] ~? → 정보 제공, 제안 답변

- Send it to Mr. Jung. 정 씨에게 보내세요.
- Put them on the shelf. 선반 위에 놓으시면 돼요.
- Nothing, the organizer took care of everything. 없어요, 주최자가 모든 것을 처리했습니다.

❸ What happened to ~? → 부정적 답변

- The meeting was canceled. 회의가 취소되었어요.
- It's out of order. 고장 났어요.
- I missed it yesterday. 저는 어제 그걸 놓쳤어요.

4. 무조건 정답인 '모르겠다' 류의 표현 Part 2

❶ 모르겠어요

- I'm not sure. / I don't know. / I have no idea. 모르겠어요.
- I haven't heard about it. 그것에 대해 들은 바 없어요.
- I'm not in charge of it. 제 담당이 아닙니다.
- I missed it, too. 저도 그것을 놓쳤어요.

❷ ~에게 물어보세요, ~을 보세요, ~가 알아요, ~에게 물어볼게요

- Ask Mr. Cooper. 쿠퍼 씨에게 물어보세요.
- Look up the manual. 설명서를 찾아보세요.
- Jenny would know. 제니가 알 거예요.
- Check the e-mail. 이메일을 확인해 보세요.
- Let me ask the manager. 제가 부장님께 여쭤볼게요.
- Ms. Jackson is in charge. 잭슨 씨가 담당입니다.
- Tim will find out. 팀이 알아볼 거예요.

❸ 아직 안 정해졌어요

- It hasn't been decided yet. 아직 결정되지 않았어요.
- It hasn't been announced yet. 아직 발표되지 않았어요.
- We're still deciding. 아직 결정 중입니다.
- We won't know until May. 5월이나 되어야 알게 될 거예요.
- The budget hasn't been finalized yet. 예산이 아직 확정되지 않았어요.

Part 3

▲ MP3 바로듣기   ▲ 강의 바로보기

1. What are the speakers discussing?

(A) Organizing a trip
(B) Purchasing a property
(C) Renovating a building
(D) Planning an event

2. Who most likely is Mr. Goldberg?

(A) An architect
(B) An interior designer
(C) A real estate agent
(D) A financial advisor

3. What does the woman recommend that the man do?

(A) Call an office
(B) Provide an e-mail address
(C) Visit a Web site
(D) Fill out a survey

---

4. Which field does the man most likely work in?

(A) Entertainment
(B) Catering
(C) Real estate
(D) Landscaping

5. What does the woman inquire about?

(A) A performance stage
(B) Some furniture
(C) A room size
(D) Some audio equipment

6. What does the woman mean when she says, "You know where the storage room is, right?"

(A) She wants to reorganize an event area.
(B) She wants the man to give her directions.
(C) She wants the man to complete a task.
(D) She wants to look for a missing item.

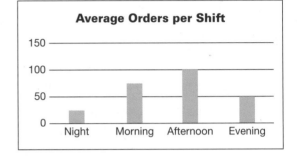

Average Orders per Shift

	Night	Morning	Afternoon	Evening

7. Look at the graphic. Which shift are the speakers discussing?

(A) Night
(B) Morning
(C) Afternoon
(D) Evening

8. According to the woman, what has been a problem?

(A) Low sales
(B) Customer complaints
(C) Shipping delays
(D) Employee shortages

9. What does the man say will happen next month?

(A) A new product will be launched.
(B) A restaurant will close.
(C) A business will be renovated.
(D) A price will increase.

10. What is the purpose of the message?

(A) To confirm business hours
(B) To explain a return policy
(C) To promote a new yoga class
(D) To request some information

11. What will happen on April 26?

(A) An orientation session will be held.
(B) Some equipment will be installed.
(C) A new location will open.
(D) Renovations will begin.

12. What does the speaker ask the listener to do?

(A) Review a contract
(B) Pay a fee
(C) Make a phone call
(D) Check an address

13. What is the radio broadcast mainly about?

(A) Building maintenance
(B) Landscaping work
(C) Local weather
(D) Traffic conditions

14. What is causing a delay near Highway 150?

(A) A repair project
(B) A sporting event
(C) A store opening
(D) An outdoor concert

15. What will the listeners hear next?

(A) A weather update
(B) Some advertisements
(C) An interview
(D) Some business news

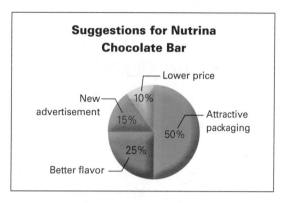

Suggestions for Nutrina Chocolate Bar

- Lower price 10%
- New advertisement 15%
- Attractive packaging 50%
- Better flavor 25%

16. Who most likely are the listeners?

(A) Product developers
(B) Market researchers
(C) Kitchen assistants
(D) Food critics

17. Look at the graphic. Which category is the speaker worried about?

(A) Attractive packaging
(B) Better flavor
(C) New advertisement
(D) Lower price

18. What has the company decided to do?

(A) Collaborate with a celebrity
(B) Open another store
(C) Hire more employees
(D) Launch an advertising campaign

 1. 시각자료_그래프 Part 3,4

원 그래프, 막대 그래프, 선 그래프 등이 제시되며, 파악하기 어렵고 복잡한 것은 나오지 않습니다. 대화에서 '가장 많은(the most)', '가장 높은(the highest)', '두 번째로 많은(the second most)', '가장 저조한(the poorest)' 등의 최상급 표현이 결정적인 정답 단서로 제시되는 경우가 많습니다. 숫자 및 순위 표현에 주목하세요.

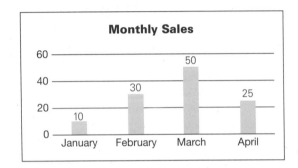

이렇게 파악해요!

월별 매출 자료구나.
3월 매출이 월등히 높고 1월이 가장 안 좋군.

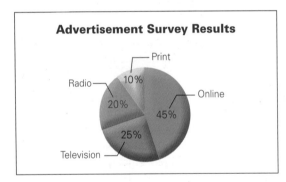

이렇게 파악해요!

광고 매체 비중을 나타낸 그래프로군.
온라인이 가장 높고 그 다음이 텔레비전이네.
인쇄물 비중이 가장 작구나.

필수 어휘

market share 시장 점유율	**capacity** 수용력	**output** 생산량, 산출량
production level 생산 수준	**pie chart** 파이차트, 원 그래프	**region** 지역
quarter 분기	**average** 평균	**growth** 성장
profit 이익	**the majority of** 대다수의	**rating** 순위, 등급

2. 동의어를 이용한 paraphrasing 어휘 [Part 3, 4]

- start, begin 시작하다, get A started A를 시작하다
- troubleshoot 문제를 해결하다, solve 해결하다
- dimension 크기, 치수, size 크기
- go over, review 검토하다
- log on to, sign in to 접속하다
- look at carefully 유심히 보다, examine 자세히 보다
- help, assist, give a hand 돕다
- company 회사, business 업체
- carry out, perform 수행하다
- is not allowed, is not permitted 허용되지 않다, is prohibited 금지되다
- come back, return 돌아오다
- change a date 날짜를 바꾸다, reschedule 일정을 다시 잡다
- out of stock 재고가 없는, not available 구할 수 없는
- pick up 비격식: 사다, buy, purchase 구매하다
- is loading slowly 느리게 로딩된다, is running slowly 느리게 작동된다
- change 변경하다, modify 변경하다, 수정하다
- stand out 눈에 띄다, 돋보이다, unique 독특한
- put together 조립하다, assemble 조립하다
- affordable 비싸지 않은, reasonable, reasonably priced 가격이 합리적인
- auto shop, car repair shop 차량 정비소
- career fair, job fair 취업 박람회
- clinic, medical office 치료소, 진료소
- coupon 쿠폰, voucher 쿠폰, 상품권
- diet 식단, eating habit 식습관
- short-handed, understaffed, not enough staff 일손이 모자라는
- employment, hiring 고용, recruiting 구인 활동, staffing 직원 채용

- lost, missing, misplaced 잃어버린, 실종된
- hand in, turn in, submit 제출하다
- hand out, pass out, distribute 나눠주다, 배포하다
- international, overseas 해외의
- launch, release 출시하다
- luggage, baggage 수하물, 짐
- new hires, new recruits, new employees, new staff, newcomers 신입사원
- out of order, broken 고장 난
- malfunctioning 오작동하는, not working properly 제대로 작동하지 않는
- fill in for, cover ~의 일을 대신해주다
- take a picture, take a photograph 사진을 찍다
- advertisement, ad, commercial 광고
- remove, get rid of, throw away 없애다, 제거하다
- receipt 영수증, proof of purchase 구매 증거
- track 추적하다, monitor 추적 관찰하다
- workout 운동, fitness 신체 단련, exercise 운동
- decline, refuse, reject, turn down 거절하다
- retain personnel, keep employees 직원들의 근속을 유지하다
- periodically 주기적으로, regularly 정기적으로
- factory, plant 공장, manufacturing facility 제조 시설
- call A back, return A's call A에게 답신 전화를 하다
- buy a company, acquire a business 회사(업체)를 인수하다
- research some options, look up some options 선택 가능한 사항들을 조사해보다, 알아보다
- numbers, figures 수치
- show A around, give A a tour A에게 구경시켜주다

3. 최신 장소/업종/직업 문제 기출 어휘 Part 3, 4

장소/업종	관련 직업 & 키워드
catering company 출장연회 업체	**직업** caterer 출장연회업자 **키워드** cater the event 행사에 음식을 제공하다 catering order 출장음식 주문 ingredient (음식) 재료 set up the tables 테이블을 세팅하다 allergic to dairy 유제품에 알러지가 있는
factory 공장 **manufacturing plant** 제조 공장 **manufacturing facility** 제조 시설	**직업** factory manager 공장 매니저 **키워드** assembly worker 조립라인 노동자 give a tour 견학을 시켜주다 assembly line 조립 생산 라인 machine 기계, 장비 conveyor belt 컨베이어 벨트 change shifts 교대 근무 시간을 바꾸다 keep up with production 생산량을 따라잡다 new machines 새 기계 safety inspection 안전 점검 welding machine 용접기 production output 생산량
auto repair shop 자동차 수리점	**직업** auto mechanic 자동차 수리공 **키워드** have the tires replaced 타이어를 교체하다 auto parts 자동차 부품 windshield 자동차 앞 유리 garage 차량 정비소 flat tire 펑크 난 타이어
magazine company 잡지사 **newspaper company** 신문사	**직업** journalist 언론인 staff writer 기자 reporter 기자 editor 편집자 chief editor 편집장(= editor in chief) **키워드** cover 표지 article 기사 October issue 10월호 layout for the next issue 다음 호 레이아웃 feature ~을 특집으로 하다 the photos look out of focus 사진들이 초점이 안 맞아 보인다 better resolution 더 나은 화소 columnist 칼럼니스트 subscription to ~의 구독 your subscription expired 구독이 만기되었습니다 sign up for ~을 신청하다 online version of the magazine 잡지 온라인 버전 digital subscription 디지털 구독 paper version 종이로 된 판
farm 농장	**직업** farmer 농부 **키워드** Agriculture Convention 농업 학회 crop 작물 seed some crops 작물의 씨앗을 뿌리다 plant a species of cactus 선인장 종을 심다 improve soil quality 토질을 개선하다
law firm 법률 회사 **law office** 법률 사무소	**직업** lawyer 변호사 **키워드** apply for a patent 특허를 신청하다 legal consulting 법률 컨설팅 legally protect it 법적으로 그것을 보호하다 copyright 저작권법 legal services 법률 서비스

advertising company 광고 회사 marketing firm 마케팅 회사	키워드 social media advertising campaign 소셜 미디어 광고 캠페인 draft version of the ad 광고 초안 reach a larger and more diverse customer base 보다 많고 다양한 고객층에 닿다 marketing campaign 마케팅 캠페인
electronics company 전자회사	키워드 technical tests 기술 테스트 new tablet computer 새로운 태블릿 컴퓨터 product release date 제품 출시일

 기출POINT

4. 장소/업종/직업 문제 실패 없는 정답 콕! 요령 Part 4

❶ 담화의 초반부를 정확히 듣는다.

담화의 첫 부분에 단서가 언급되는 경우가 대부분이므로 이 부분을 집중해서 듣도록 합니다. 하지만, 장소를 묻는 문제 중에서 고난도 문제의 경우 담화 곳곳에 언급되는 어휘들을 종합해 장소를 유추해야 하는 경우도 있으므로 유의해야 합니다.

❷ 담화에 언급되는 회사명에서 힌트를 얻어 정답을 고른다.

• 담화 내 회사명: ENP Marketing Group → 정답: A marketing firm
• 담화 내 회사명: Miller Home Furnishings → 정답: A furniture store
• 담화 내 회사명: Bosco Accounting → 정답: An accounting firm

❸ 담화를 들을 때, 화자와 청자 중 누구에 관해 묻는지 제대로 파악해서 듣는다.

• Who is the speaker? 화자는 누구인가? → 화자가 누구인지 묻는 질문
• Who is the speaker calling? 화자는 누구에게 전화를 하는가? → 청자가 누구인지 묻는 질문
• Who is the speaker talking to? 화자는 누구에게 말하고 있는가? → 청자가 누구인지 묻는 질문

Part 5

▲ 강의 바로보기

1. Mr. Hart is hopeful that the ------- with Billman Engineering's executives will be mutually beneficial.

(A) discuss
(B) discussions
(C) discussed
(D) discussing

2. To increase employee ------- in the office, Devona Motors has implemented a staff incentive program.

(A) productively
(B) productive
(C) products
(D) productivity

3. Because all of his assistants were on vacation, Mr. Clarkson had to revise the budget report by -------.

(A) he
(B) himself
(C) his
(D) him

4. After months of negotiations, Zenistar Inc. has ------- an agreement with Roper & Co.

(A) reached
(B) talked
(C) experienced
(D) decided

5. At yesterday's meeting, the CEO of Bentley Corporation ------- a contract with Dunlevy Catering.

(A) signs
(B) will sign
(C) has signed
(D) signed

6. A dinner party will be arranged at Waldorf Hotel to welcome the newly ------- branch managers.

(A) appoint
(B) appointing
(C) appointed
(D) appoints

7. While some people visit Splash Canyon to experience the exciting rides, ------- visitors simply want to walk around and enjoy the scenery.

(A) another
(B) any
(C) everyone
(D) other

8. Ms. Carp worked as a journalist for 22 years at The Chicago Post, where she wrote numerous ------- regarded articles.

(A) high
(B) highly
(C) higher
(D) highest

9. Upon reading the ------- article in the journal, Ms. Jenkins decided to apply for a job at a biomedical company.

(A) impression
(B) impress
(C) impressive
(D) impressively

10. Mr. George, who is looking at all of the résumés, will ------- recommend that his department hire the most qualified applicant.

(A) strong
(B) stronger
(C) strength
(D) strongly

11. The festival organizer announced a shuttle bus service that ------- the event venue with several bus and subway lines.

(A) connect
(B) connection
(C) connecting
(D) connects

12. ------- Ms. Palmer was transferred to the headquarters in New York, she had worked in the branch office in Boston.

(A) Already
(B) In anticipation of
(C) As soon as
(D) Before

13. Dr. Miranda Silva was awarded the Sherwood Prize ------- her research on the importance of good body posture.

(A) of
(B) for
(C) to
(D) about

14. Medical researchers at NorthPharm will determine ------- the new pain medication causes any negative side effects.

(A) about
(B) that
(C) whether
(D) unless

15. ------- to Eagle Mountain can be difficult due to the poorly maintained roads in the area.

(A) Driving
(B) Drives
(C) Drive
(D) Driven

16. Frank Lyles, a business professor from Hampton University, will be delivering a lecture ------- time management skills.

(A) by
(B) to
(C) with
(D) on

Part 6

Questions 17-20 refer to the following instructions.

Thank you for purchasing plants from our store. Stick to these easy-to-follow guidelines to ------- your
17.
plants and help them to flourish.

First, your plants require water, light, and warmth in order to survive. Place your plants in suitable pots
or troughs filled with nutrient-rich soil. Then, ------- position them somewhere where they can receive
18.
ample sunlight. Make sure that you water your plants on a regular basis. -------, they will begin to
19.
wither and will eventually die. -------.
20.

17. (A) preserve
(B) select
(C) order
(D) review

18. (A) simplify
(B) simply
(C) simple
(D) simplistically

19. (A) Meanwhile
(B) However
(C) Thus
(D) Otherwise

20. (A) By following these instructions, you can
keep your plants healthy.
(B) These can be purchased at affordable
prices from Palmerstone Plants.
(C) We wish to apologize for any inconvenience
this may have caused you.
(D) Please note that the devices should be
cleaned on a regular basis.

Questions 21-24 refer to the following e-mail.

Dear Mr. Pratt,

You have made an excellent decision in hiring our company ------- nutritious meals for the workers at
                                                              21.
your headquarters. I am writing this message to finalize some of the terms we discussed during our
meeting last Friday.

As we agreed, you will contact us at approximately 9:30 A.M. each day, Monday through Friday, to
------- us how many meals you require on that particular day. We will then prepare the lunches for
22.
your employees and deliver them to your offices no later than noon. If any of your staff members
have dietary requirements, we will be happy to accommodate them. -------, we are also able to fully
                                                                   23.
customize our set menus for you, as long as you notify us at least one week in advance.

Once you have confirmed that you are satisfied with the arrangement outlined above, I will have a
formal contract drawn up and sent to you. -------.
                                          24.

Best wishes,

Cheryl Boone, Greenfields Catering

---

21. (A) providing
   (B) will provide
   (C) provides
   (D) to provide

22. (A) remember
   (B) inform
   (C) describe
   (D) clarify

23. (A) Consequently
   (B) Recently
   (C) Instead
   (D) Furthermore

24. (A) I am confident that we will establish a
       strong business relationship.
   (B) I look forward to welcoming you on your
       first day at Greenfields.
   (C) Please let me know when you are free to
       discuss the event menu.
   (D) We truly appreciate your feedback on our
       products and services.

700+ 기출 Point

1. 복합명사

`2. 명사`

명사를 수식하는 형용사 대신에 명사가 사용될 수도 있습니다. 즉, 「명사 + 명사」 구조에서 앞에 위치하는 명사가 형용사와 같은 역할을 합니다. 토익에서는 주로 뒤의 명사를 선택하는 유형으로 출제되며, 빈칸 앞에 존재하는 명사가 주변의 형용사나 동사 등과 의미 연결이 되지 않아 빈칸에 또 다른 명사를 필요로 합니다.

travel arrangements 출장 준비	sales representative 영업사원
retail sales 소매 판매	customer suggestions 고객 제안
customer satisfaction 고객 만족	employee safety 직원 안전
recommendation letters 추천서	product distribution 상품 유통

All **sales representatives** received a 10% bonus for their outstanding performance.
모든 영업사원들이 뛰어난 성과에 대해 10퍼센트의 보너스를 받았다.

2. 3형식 타동사와 목적어

`4. 동사`

3형식 타동사는 바로 뒤에 하나의 목적어를 가져야 합니다. 빈칸이 동사 자리이고, 빈칸 뒤에 목적어가 있다면 3형식 타동사 자리입니다. 그래서 주로 목적어를 가질 수 없는 자동사와 구분하는 유형으로 출제됩니다.

After several failures, his new book finally **reached** a wide audience.
여러 번의 실패 후에, 그의 새 책은 마침내 폭넓은 독자층을 얻었다.

3. 과거시제와 어울리는 시간 표현

`5. 동사`

아래 부사들은 토익에서 과거시제의 단서로 자주 출제됩니다. 단, recently는 현재완료시제의 단서로도 자주 출제되므로 유의해야 합니다.

last + 시간명사 지난 ~에	ago ~ 전에	yesterday 어제	recently 최근에

The intense competition in the travel industry **caused** a significant drop in airfares **last year**.
여행업계의 극심한 경쟁이 작년에 항공 요금의 상당한 하락을 야기했다.

4. 부정형용사

7. 형용사

무엇인지 구체적으로 밝혀지지 않은 대상을 가리킬 때 사용하는 형용사를 부정형용사라고 합니다. 특정 부정형용사와 수식하는 명사와의 수를 일치시키는 것이 핵심입니다.

---

another + 단수명사 또 하나의

the other + 단수/복수명사 나머지의

any + 단수/복수명사/불가산명사 어떤 ~이든

other + 복수명사 다른

some + 복수명사/불가산명사 일부의, 어떤

We are going to launch **another advertising campaign** next month.
우리는 다음 달에 또 하나의 광고 캠페인을 시작할 것이다.

Some employees didn't attend the workshop held last week.
일부 직원들이 지난주에 개최된 워크숍에 참석하지 않았다.

5. 명사절 접속사 whether

14. 명사절 접속사

명사절 접속사는 주어와 동사가 포함된 하나의 절을 이끌어 문장 내에서 주어, 동사/전치사의 목적어, 보어의 역할을 하도록 해주는 접속사입니다. 주로 특정 동사 뒤에 위치한 빈칸에 명사절 접속사 whether를 정답으로 고르는 유형으로 출제되므로 아래 동사들을 암기해 놓는 것이 좋습니다.

---

determine ~을 결정하다

let A know ~을 A에게 알려주다

decide ~을 결정하다

choose ~을 결정하다

ask ~을 묻다

The board members will **decide whether** we should attend the seminar.
이사회가 우리가 세미나에 참석해야 할지 여부를 오늘 오후에 결정할 것이다.

6. 주제 전치사

16. 전치사

---

about ~에 관해

over ~에 관해

concerning ~에 관해

in regard to ~와 관련해

with regard to ~와 관련해

on ~에 관해

as to ~에 관해

regarding ~와 관련해

If you have any questions **concerning the course**, please contact us.
본 강좌와 관련해 어떤 질문이든 있으시면, 저희에게 연락해 주십시오.

DAY 03　Part 5, 6 실전 연습

7. 동사를 수식하는 부사

18. 부사

동사를 수식하는 부사의 다양한 위치를 미리 확인해 두는 것이 좋습니다.

> Mr. Hamilton **successfully closed** the business contract last week.
> 해밀턴 씨는 지난주에 성공적으로 사업 계약을 체결했다.
>
> Cleo Cosmetics Co. **has grown rapidly** over the last few years.
> 클레오 화장품 회사는 지난 몇 년에 걸쳐 빠르게 성장해 왔다.
>
> Mr. Tate **handled** the complaint about a late delivery **promptly**.
> 테이트 씨는 배송 지연에 대한 불만사항을 즉시 처리했다.
>
> After a long period of development, our new line of products **was finally released**.
> 오랜 개발 기간 끝에, 우리의 새로운 제품군이 마침내 출시되었다.

8. 가정 접속부사

19. 접속부사

가정 접속부사는 앞 문장에 제시된 내용을 전제로 발생하게 될 내용을 나타냅니다. 즉, 빈칸 앞뒤 문장이 조건과 결과의 흐름일 때, 결과를 말하는 뒤 문장의 시작 부분에 쓰입니다. 가정 접속부사로는 제안이나 지시를 따르지 않을 경우에 발생 가능한 부정적 결과를 제시하는 Otherwise가 가장 많이 출제됩니다.

Otherwise 그렇지 않다면	In this case 이 경우에	If possible 가능하다면	If so 그렇다면

> Your subscription to *Do It Yourself Monthly* is due to expire at the end of this month. There are several reasons for you to renew it now. First, if you do so before August 15, we can offer you the special price of only $20 for twelve more issues. **Otherwise**, you will be required to pay the standard 12-month price of $35.
> 귀하의 <월간 Do It Yourself> 구독이 이달 말에 만료될 예정입니다. 지금 구독을 갱신하셔야 할 몇 가지 이유들이 있습니다. 우선, 만약 8월 15일 전에 그렇게 하신다면, 12권 추가에 대해 단 20달러라는 특별 가격을 제공해 드릴 수 있습니다. 그렇지 않다면, 귀하는 35달러라는 12개월 정상 가격을 지불하셔야 할 것입니다.

 꿀팁

8월 15일 전에 구독을 갱신한다면 특별 가격을 제공한다는 말과 정상 가격을 지불해야 한다는 말이 빈칸 앞뒤에 쓰여 있습니다. 이 정상 가격에 대한 언급은 8월 15일 전에 갱신하지 않는 조건에 따른 부정적인 결과를 나타냅니다. 따라서, 부정적인 결과를 나타낼 때 사용하는 가정 접속부사인 Otherwise가 정답입니다.

9. 문장삽입: 단서 찾기 전략

20. 문장삽입

문장삽입 유형은 Part 6에서 가장 고난도에 속하는 유형입니다. 단순하게는 빈칸 앞뒤의 문장만 해석해 서로 자연스럽게 연결되는 문장을 고르면 되는 경우도 있고, 때때로 지문 전체 흐름을 파악해야 하는 경우도 있습니다. 하지만 지문에서 필요한 단서들을 찾아낸다면 문장을 해석하지 않고도 정답을 찾아낼 수 있습니다.

- 문장들 사이의 논리 관계를 나타내는 단서를 찾을 때, 빈칸 앞뒤 문장에 지시어, 대명사, 접속부사, 특정 명사 등이 있는지 찾습니다.
- 빈칸 앞뒤 문장에 단서가 나타나 있지 않다면, 선택지 문장에 지시어, 대명사, 접속부사 등이 쓰여 있는지 확인합니다.
- 이 단서들은 문장들 사이의 의미 논리 관계를 나타내는 데 중요한 역할을 하므로, 이를 바탕으로 내용 흐름상 적절한 문장을 찾아냅니다.

10. to부정사의 부사적 용법

21. to부정사

to부정사가 부사적 용법으로 쓰여 목적을 나타낼 수도 있습니다. '~하기 위해'라고 해석하며, to부정사가 들어갈 자리 앞에는 주어와 동사, 목적어 등을 모두 갖춘 완전한 구조의 문장이 있습니다. 주로 선택지에 동명사와 동사의 여러가지 형태가 함께 제시됩니다.

> Mr. Harrison will move to an office on the third floor **to be** closer to the marketing team.
>
> 해리슨 씨는 마케팅팀에 더 가까워지기 위해 3층에 있는 사무실로 이동할 것이다.

11. 문맥파악: 첫 문장을 활용한 어휘 찾기

22. 문맥파악: 동사 어휘

Part 6 지문에서 첫 문장은 항상 꼼꼼하게 확인해야 합니다. 글의 주제와 성격을 알 수 있을 뿐만 아니라 지문 중반이나 끝부분에 출제되는 어휘 문제의 단서가 첫 문장에 제시되는 경우도 많기 때문입니다.

Starting on February 1, technicians from SecurePro Group will be installing a brand-new keycard entry system at all of the building's main entrances. During the installation, anyone entering or leaving the building will be requested to sign in with a member of our security personnel. Should you have any inquiries about the **upcoming** security upgrade, please call me at extension 590.

2월 1일부터, 시큐어프로 그룹의 기술자들이 건물의 모든 주요 출입구에 완전히 새로운 카드식 출입 시스템을 설치할 것입니다. 설치 작업 중에, 건물에 들어오거나 나가는 사람은 누구든지 보안 직원 중 한 명의 입회하에 서명하도록 요구될 것입니다. 다가올 보안 개선에 관해 어떠한 문의 사항이든 있으시면, 내선 전화 590번으로 저에게 전화주시기 바랍니다.

 꿀팁

첫 문장에 security upgrade에 해당하는 a brand-new keycard entry system이 언급되는데, 이에 대해 will be installing이라는 미래시제가 사용되었습니다. 즉, security upgrade가 곧 발생하게 될 일이라는 것을 알 수 있으므로 '다가올, 곧 있을'이라는 의미로 미래의 일을 나타내는 upcoming이 정답입니다.

Part 5

▲ 강의 바로보기

1. The architect applied for a building ------- to start the construction project.

   (A) permit
   (B) permits
   (C) permission
   (D) permitted

2. Customers can renew ------- for any of our premium channels by speaking with Paul Harding at 555-2376.

   (A) subscribe
   (B) subscribes
   (C) subscribers
   (D) subscriptions

3. Job applicants should take the job proficiency test on ------- within the time allocated.

   (A) they
   (B) their own
   (C) them
   (D) themselves

4. The restaurant manager ------- Ms. Ritchie a free meal voucher to apologize for the poor service.

   (A) traveled
   (B) offered
   (C) told
   (D) asked

5. Agate Electronics will ------- its new cell phone model at the upcoming technology convention in Portland.

   (A) demonstrate
   (B) demonstrates
   (C) demonstrating
   (D) be demonstrated

6. The sales manager is surprised ------- the recent surge in sales after the new marketing campaign.

   (A) into
   (B) over
   (C) at
   (D) from

7. Freshways Supermarket has decided ------- its overtime rate for employees who work on night shifts.

   (A) increases
   (B) to increase
   (C) increasing
   (D) increased

8. Gaston Grill and Bistro hopes to attract many new customers by ------- healthy side dishes to its menu.

   (A) add
   (B) adding
   (C) addition
   (D) added

9. The screen of our new Proteus 3 cell phone is much larger than that of any ------- foldable cell phone on the market.

(A) exist
(B) exists
(C) existed
(D) existing

10. All books borrowed from the corporate library must be returned in a ------- manner.

(A) time
(B) timing
(C) timely
(D) timer

11. Marty McInnes was ------- an intern, but he was promoted to manager of the public relations team last month.

(A) origin
(B) original
(C) originality
(D) originally

12. Japan has relied ------- on imports to meet the demand for oil and other energy sources.

(A) heavy
(B) heavier
(C) heavily
(D) heaviest

13. ------- Eddard Manufacturing's output has declined this year, its monthly net profits have increased significantly.

(A) Because
(B) While
(C) Until
(D) As long as

14. ------- written several best-selling novels, Timothy Cook has yet to win an award for his work.

(A) To have
(B) Have
(C) Having
(D) Had

15. ------- its affordable housing and large number of schools, the Repford neighborhood is very popular with young families.

(A) Owing to
(B) Assuming
(C) Rather
(D) Because

16. This coming August, the third annual Salem Festival is going to be held in locations ------- the city.

(A) next
(B) on
(C) throughout
(D) between

Part 6

Questions 17-20 refers to the following advertisement.

Here at Cajun Fried Chicken, we want to celebrate our 50th year in business with our customers.

So, for this weekend only, a free ice cream sundae and large soft drink ------- with any purchase of a
17.
chicken sandwich, burger, or bucket from our main menu.

You can take advantage of this ------- at any of our 33 branches throughout the United Kingdom until
18.
closing time on Sunday, November 16.

Additionally, we are giving our customers a chance to enter a contest to win exciting prizes throughout
November. Simply check the unique code found on ------- receipt and enter it at www.cfc.co.uk/
19.
prizedraw. -------.
20.

17. (A) including
(B) to include
(C) are being included
(D) had been included

18. (A) item
(B) offer
(C) vacancy
(D) range

19. (A) his
(B) her
(C) your
(D) their

20. (A) Congratulations on winning one of our
amazing prizes.
(B) We hope you enjoy the new additions to
our menus.
(C) This is our way of thanking our customers
for their patronage.
(D) Once again, we apologize for closing some
of our UK branches.

Questions 21-24 refers to the following notice.

New Life Supermarket

Store Membership Plan

New Life Supermarket has the ------- membership plan of any grocery store in the state. -------. During
21.   22.

special events, our shoppers can receive stamps in their membership booklet when they buy specially

promoted merchandise. Completed stamp booklets can be ------- for a wide variety of rewards, such
23.

as movie tickets, restaurant and hotel vouchers, and free store items. -------, the membership booklet
24.

contains several generous discount coupons that can be used at any New Life Supermarket location.

---

21. (A) most attractively
(B) attractive
(C) attractiveness
(D) most attractive

22. (A) Store members can collect stamps in-store.
(B) You may exchange this booklet for a special item.
(C) We have received your membership application.
(D) Store members are issued new cards annually.

23. (A) purchased
(B) redeemed
(C) refunded
(D) performed

24. (A) Instead
(B) Thus
(C) In addition
(D) Nevertheless

700+ 기출 Point

1. 대명사 특수 용법

3. 대명사

아래 대명사들은 하나의 숙어처럼 외우는 것이 더 좋습니다.

> those who, those with, those p.p. ~하는[~을 지닌, ~인] 사람들   on one's own 혼자, 스스로
>
> each other 서로, 협력하여   one another 서로

> **Those** who want to watch *Shakespeare In Love* must buy tickets online.
> '셰익스피어 인 러브'를 관람하시려는 분들은 반드시 온라인에서 티켓을 구매하셔야 합니다.

2. 4형식 타동사와 목적어

4. 동사

4형식 타동사는 간접목적어와 직접목적어, 두 개의 목적어를 가집니다. 간접목적어는 받는 사람을, 직접목적어는 사람에게 주어지는 사물을 나타내는 목적어입니다.

> Jupiter Audio Systems Inc. **offered** all its temporary workers extended contracts.
> 주피터 오디오 시스템 사는 자사의 모든 임시 직원들에게 연장된 계약을 제공했다.

3. 빈출 수동태 구문

6. 전치사

아래 「수동태 + 전치사구」 구문은 토익에서 자주 출제되는 구문들입니다.

> be associated with ~와 연관되다   be faced with ~에 직면하다
>
> be satisfied with ~에 만족하다   be pleased with ~에 기뻐하다
>
> be equipped with ~을 갖고 있다   be involved in ~에 관여되다
>
> be interested in ~에 관심이 있다   be related to ~에 관련되다
>
> be committed[dedicated, devoted] to ~에 전념하다   be surprised at ~에 놀라다
>
> be concerned[worried] about ~에 대해 걱정하다   be based on ~을 기반으로 하다

> Our sales representatives **are committed to <u>offering</u>** the lowest rates in the industry.
> 저희 영업사원들은 업계 최저 가격을 제공하는 데 전념하고 있습니다.
>
> Most respondents to our survey **are <u>satisfied</u> with** the new design.
> 우리 설문조사에 응한 대다수의 응답자들이 새로운 디자인에 대해 만족하고 있다.
>
> Those **<u>interested</u> in** sharing your expertise in marketing may register for the seminar.
> 자신의 마케팅에 대한 전문지식을 공유하는 데 관심이 있으신 분들은 세미나에 등록하실 수 있습니다.

4. 형용사로 굳어진 현재분사

〔 9. 분사 〕

몇몇 현재분사는 특정 의미를 나타내는 형용사로 사용되고 있습니다.

rising 증가하는	growing 성장하는	lasting 지속적인	existing 기존의
missing 사라진, 빠진	rewarding 보람 있는	participating 참가하는	remaining 남아있는
surrounding 주변의	following 다음의	demanding 힘든	coming 다가오는
promising 장래성 있는	leading 선도적인	challenging 해볼 만한	

> Our sales figures have been higher despite the **<u>rising</u> materials costs**.
> 증가하는 원료 비용에도 불구하고 우리의 매출 수치가 더 상승했다.

5. 명사구를 수식하는 부사

〔 11. 부사 〕

부사는 동사와 형용사, 부사를 수식하는 기능 외에도 명사구도 수식할 수 있습니다.

> The newly-opened shopping mall was **<u>formerly</u> a manufacturing plant**.
> 새롭게 개장된 쇼핑몰은 이전에 제조 공장이었다.

6. 부사절 접속사와 분사구문

〔 14. 분사 〕

부사절 접속사가 이끄는 절에서 주어를 생략하고 동사를 분사로 만들어 사용하는 구조이며, 주로 분사가 능동인지 수동인지를 구분하는 유형으로 출제되므로 빈칸 뒤의 구조에 특히 주의해야 합니다. 가끔 접속사까지 생략되고 분사만 남는 경우가 출제되기도 합니다.

> **When <u>applying</u> for** the position, please submit two copies of reference letters.
> 그 직책에 지원하실 때, 두 장의 추천서를 제출하시기 바랍니다.

7. 이유 전치사

15. 전치사

아래 전치사들은 이유를 나타냅니다.

because of ~ 때문에	due to ~로 인해	thanks to ~ 덕분에
owing to ~ 때문에	on account of ~ 때문에	for ~해서

We expect traffic congestion **due to** the construction work.
공사 작업으로 인해 우리는 교통 체증을 예상한다.

8. 인칭대명사

19. 대명사

대명사는 앞서 언급된 명사의 반복을 피하기 위해 사용하며, 대명사가 가리키는 대상의 수 일치(단수/복수), 그리고 문장 내 빈칸에 알맞은 대명사의 격을 묻는 문제가 주로 출제됩니다. 그중 인칭대명사는 사람 또는 사물을 대신해서 사용하는 대명사입니다. 역할에 따라 주격, 소유격, 목적격으로 나뉘고, '~의 것'을 의미하는 소유대명사와 자기 자신을 가리키는 재귀대명사가 있습니다.

	인칭	주격	소유격	목적격	소유대명사	재귀대명사
단수	1	I	my	me	mine	myself
	2	you	your	you	yours	yourself
	3	she	her	her	hers	herself
		he	his	him	his	himself
		it	its	it	-	itself
복수	1	we	our	us	ours	ourselves
	2	you	your	you	yours	yourselves
	3	they	their	them	theirs	themselves

Mr. Higgins canceled **his** appointments this morning.
히긴스 씨는 오늘 아침에 그의 약속을 취소했다.

9. 최상급

최상급은 정관사 the와 함께 형용사 끝에 -est를 붙이거나 앞에 the most/least를 추가해 '가장 ~한, 가장 ~하게'라는 의미를 나타냅니다. the 대신 소유격이 사용될 수도 있습니다. 대부분 the를 단서로 최상급 형용사를 선택하도록 출제됩니다.

> **The grocery store stocks the cheapest items in the entire region.**
> 그 식료품 매장은 지역 전체에서 가장 저렴한 상품들을 갖추고 있다.

또한, 범위를 나타내는 전치사를 통해 최상급 문장임을 알 수 있습니다. 가장 대표적인 것으로는 in(~에서), of(~ 중에), among(~ 사이에서) 등이 있습니다.

> **Coffee Express is the most popular place for office workers in London.**
> 커피 익스프레스는 런던에서 직장인들에게 가장 인기 있는 곳이다.
>
> **The Redcliff Tower is the largest of the three landmarks constructed in the 1960s.**
> 레드클리프 타워는 1960년대에 세워진 세 개의 명소들 중 가장 큰 것이다.

10. 추가 접속부사

추가 접속부사는 앞 문장에 언급된 것과 같은 성격의 내용이 추가되는 흐름을 나타낼 때 사용합니다. In addition과 Furthermore가 정답으로 가장 많이 출제됩니다.

In addition 덧붙여	**Additionally** 추가로	**Furthermore** 게다가	**Also** 또한
In fact 실제로, 사실은	**Besides** 그 밖에	**Moreover** 더욱이	

> This e-mail is to confirm the terms we drafted during our meeting yesterday. As we discussed, your firm will provide state-of-the-art security equipment and the start date of installation will be August 15. We would prefer if you could have the work finished within 2 or 3 days. **In addition**, the full cost of the installation will be no more than $5,000, as we agreed yesterday.

이 이메일은 어제 회의 중에 우리가 초안을 작성한 계약 조건을 확인해 드리기 위한 것입니다. 우리가 논의했던 대로, 귀사가 첨단 보안 장비를 제공할 것이며, 설치 작업 시작일은 8월 15일이 될 것입니다. 저희는 2~3일 내에 작업이 마무리될 수 있도록 해주시면 좋겠습니다. 덧붙여, 모든 설치 비용은 어제 합의한 대로 5,000달러를 넘지 않을 것입니다.

 꿀팁

> 장비 설치 작업의 기한을 언급한 후에 설치 비용에 대한 조건이 제시되고 있습니다. 이는 유사한 내용의 정보를 추가하는 의미 관계이므로 추가 접속부사인 In addition이 정답입니다.

▲ 강의 바로보기

Part 7

Questions 1-2 refer to the following advertisement.

Check Out Perseus Direct!

Do you have a busy schedule these days? Are you finding it difficult to find time to shop for groceries or other goods? If so, then you should install the Perseus Direct application on your mobile devices. Perseus Direct has partnered with more than 3,000 businesses in Carver City and the surrounding area, and we are ready and waiting to pick up a wide variety of items for you and bring them to your door. From fresh produce and baked goods to exercise equipment and vitamin supplements, we can get these to you quickly and conveniently. We already employ a team of around 30 drivers, and are in the process of adding another 20. So, you will always find one who is available to meet your needs. Download Perseus Direct from your preferred app store or find out more by visiting www. perseusdirectonline.ca.

---

1. What kind of business is Perseus Direct?

(A) A grocery store
(B) A software developer
(C) A delivery service
(D) A fitness center

2. What is indicated about Perseus Direct?

(A) It is expanding overseas.
(B) It has won several awards.
(C) It requires a registration fee.
(D) It is hiring more employees.

Questions 3-5 refer to the following article.

Rotz Technology Confirms
Merger with CameraPro

January 13
Lisa Fitzsimmons

Rotz Technology, the leading retailer of computer and stereo equipment, said today that it has completed negotiations about a merger with CameraPro. The technology giant had been expressing interest in expanding its retail offerings to include cameras and related accessories. Rotz Technology offered $10.5 million to the camera manufacturer for sole retailing rights. The two companies have been in negotiations for the past 2 months. One of the stipulations made by CameraPro was that Rotz Technology would retain all current CameraPro employees after the merger, a condition to which the technology giant eventually conceded.

During a press conference on January 10, CameraPro owner Troy Walsh stated, "CameraPro started in my grandfather's basement. His first employees were his brother, mother, and two cousins. We have maintained this family-focused business philosophy, and did not feel right accepting the financial gain of the merger if it meant even one of our employees—our family—lost their job."

During the press conference, Rotz Technology founder and acting president, Karen Brady, responded, "While we have different approaches and philosophies regarding running our businesses, I came to respect Mr. Walsh and his undying loyalty to his team. We are honored to add the entire staff of CameraPro to the Rotz Technology community, and we look forward to learning from them as far as camera manufacturing and company policy are concerned." Rotz Technology customers can expect to find CameraPro's extensive line of cameras and related accessories at all retail locations, and in online stores, starting March 1.

---

3. What is the topic of this article?

   (A) Leadership changes at a firm
   (B) The financial performance of a company
   (C) A new business acquisition
   (D) An announcement of a new product

5. What is mentioned about CameraPro?

   (A) Its latest model has been a great success.
   (B) It has moved its headquarters recently.
   (C) It was established as a family business.
   (D) It will lose some of its employees soon.

4. The word "retain" in paragraph 1, line 6, is closest in meaning to

   (A) remember
   (B) keep
   (C) pay
   (D) offer

1. 세부정보

단편적인 사항을 묻는 세부정보 찾기는 질문에 주어진 키워드를 지문에서 찾아 질문의 의문사에 해당하는 정보를 선택지에서 고르면 됩니다. 이때 단서가 선택지에 그대로 제시될 때도 있지만, 대부분 지문의 단서를 살짝 다른 말로 바꾸어서 제시하는 패러프레이징이 사용되므로 주의해야 합니다.

TIP 세부 정보 단서 찾기

문제의 키워드가 지문에 그대로 나오는 경우	사람 이름, 특정 장소, 행사명, 날짜, 요일 등에 대한 정보를 묻는 문제라면, 해당 정보가 언급된 문장을 찾아서 읽는다.
문제의 키워드가 지문 속에서 패러프레이징(Paraphrasing)으로 나오는 경우	사람에 대한 정보로 이름 대신 그 사람의 직책이나 직업이 언급되거나 명사 키워드가 동사 등으로 패러프레이징되어 제시된다. 또한, 요일/날짜가 문제에 언급되어도 지문에서는 전치사나 부사를 활용하여 다르게 나타낸다.

To accommodate increasing consumer demand for our items, we have found it necessary to expand our current facilities. By expanding our showroom and storage area, we will be able to stock and display a larger variety of items. **The renovations will take place this winter over a two-month period. Although Salaman Furniture** will be closed between December 21 and February 21, our online shop will still be operational.

Q. What does Salaman Furniture plan to do?
(A) It will open a second location.
(B) It will expand its customer services.
(C) It will launch a new Web site.
(D) It will remodel its store.

우리 제품에 대해 증가하는 고객 수요를 수용하기 위해, 우리는 현재의 시설을 확장하는 것이 필수임을 알게 되었습니다. 우리의 진열 공간과 보관 구역을 확장함으로써, 우리는 더 다양한 상품들을 재고로 갖춰 놓고 진열할 수 있을 것입니다. 이 개조 공사는 올 겨울에 두 달의 기간에 걸쳐 진행될 것입니다. 살라만 가구점이 12월 21일부터 2월 21일까지 문을 닫기는 하지만, 우리 온라인 매장은 그대로 영업을 할 것입니다.

Q. 살라만 가구점은 무엇을 할 계획인가?
(A) 두 번째 지점을 개장할 것이다.
(B) 자사의 고객 서비스를 확대할 것이다.
(C) 새로운 웹사이트를 공개할 것이다.
(D) 자사의 매장을 개조할 것이다.

 꿀팁

질문의 키워드 Salaman Furniture를 지문에서 찾은 다음, 앞 또는 뒤에서 계획과 관련된 정보를 확인합니다. 두 달 동안 개조 공사가 진행될 것이라고 언급되어 있으므로 (D)가 정답입니다.

2. 동의어 찾기

지문 속의 특정 위치에 나타나 있는 단어를 문제에서 제시한 후, 그 단어와 유사한 의미를 지닌 단어를 고르는 유형입니다. 동의어 찾기 문제에서 가장 중요한 점은 단순히 특정 단어가 지니는 의미가 아니라 주어진 문장에서 어떤 의미를 나타내는지를 파악하는 것입니다.

❶ 동의어 찾기 문제 주의사항

- 다양한 의미를 지니는 단어가 출제되므로 자신이 알고 있는 의미만 생각하고 성급하게 답을 고르지 말아야 합니다.
- 제시된 단어의 의미 또는 지문의 전체적인 내용을 정확히 알지 못하더라도 앞뒤 문장을 읽고 흐름을 파악해 풀 수 있으므로 반드시 문맥을 파악하는 데 집중합니다.

❷ 동의어 찾기 최빈출 단어

condition	몡 term 조건 몡 circumstance 상황	몡 state 상태
cover	통 include 포함하다 통 report on 취재하다	통 discuss 주제로 다루다 통 deal with 처리하다
recognize	통 acknowledge 인정하다	통 honor 존경하다
draw	통 attract 끌어들이다	통 sketch 그리다
deliver	통 present 제공하다	통 give 전달하다
perform	통 function 작동하다	통 carry out 수행하다
assume	통 take over 인수하다	통 suppose 가정하다
term	몡 condition 조건	몡 duration 기간
treat	통 handle 취급하다	통 entertain 대접하다
retain	통 keep 보유하다	통 remember 간직하다
meet	통 achieve 달성하다	통 assemble 회합하다
leave	몡 absence 부재	몡 departure 출발
figure	몡 person 인물	몡 amount 액수, 금액

Week **22**

정답 및 해설

Day 01 Part 1, 2 실전 연습

Part 1

1. (B)	2. (B)	3. (C)	4. (D)	5. (C)
6. (C)				

1.

(A) Items have been placed in a shopping cart.

(B) Some jewelry is on display.

(C) Merchandise is arranged outdoors.

(D) Some customers are leaving a shop.

(A) 물품들이 쇼핑 카트에 놓여 있다.

(B) 몇몇 장신구가 진열되어 있다.

(C) 상품이 야외에 정렬되어 있다.

(D) 일부 고객들이 매장에서 나가고 있다.

정답 (B)

해설 (A) 쇼핑 카트는 보이지 않으므로 오답.

(B) 장신구가 진열되어 있는 상태이므로 정답.

(C) 야외라고 판단할 수 있는 단서가 없으므로 오답.

(D) 사람들(고객들)을 찾아볼 수 없으므로 오답.

어휘 **item** 물품, 제품 **place** v. ~을 놓다, 두다 **jewelry** 장신구, 보석류 **on display** 진열된, 전시된 **merchandise** 상품 **arrange** ~을 정렬하다, 정리하다 **leave** ~에서 나가다, 떠나다

2.

(A) They are putting on their lab coats.

(B) They are examining some liquid.

(C) They are wearing protective masks.

(D) They are adjusting a microscope.

(A) 사람들이 실험실 가운을 착용하는 중이다.

(B) 사람들이 어떤 액체를 살펴보고 있다.

(C) 사람들이 보호용 마스크를 착용한 상태이다.

(D) 사람들이 현미경을 조절하고 있다.

해설 (A) are putting on은 착용 중인 동작을 나타내는데, 이미 가운을 착용한 상태이므로 오답.

(B) 두 남자가 함께 어떤 액체를 유심히 보고 있는 모습을 묘사하고 있으므로 정답.

(C) 두 남자가 보호용 안경은 착용하고 있지만, 마스크는 쓰지 않았으므로 오답.

(D) 현미경을 조절하는(are adjusting) 동작은 하고 있지 않으므로 오답.

어휘 **put on** (동작) ~을 착용하다 **lab** 실험실 **examine** ~을 살펴보다, 검사하다 **liquid** 액체 **protective** 보호용의 **adjust** ~을 조절하다, 조정하다 **microscope** 현미경

3.

(A) The shopping carts have been filled with items.

(B) Boxes have been stacked on top of each other.

(C) Some fruit is displayed for sale.

(D) Some groceries have been put on the counter.

(A) 쇼핑 카트들이 물품으로 가득 차 있다.
(B) 상자들이 차곡차곡 쌓여 있다.
(C) 일부 과일이 판매용으로 진열되어 있다.
(D) 일부 식료품들이 카운터에 놓여 있다.

정답 (C)

해설 (A) 사진에 쇼핑 카트가 보이지 않으므로 오답.
　　(B) 차곡차곡 쌓여 있는 상자들이 보이지 않으므로 오답.
　　(C) 과일들이 진열되어 있고 가격표가 꽂혀 있으므로 정답.
　　(D) 사진에 카운터가 보이지 않으므로 오답.

어휘 **be filled with** ~로 가득 차 있다 **item** 물품, 제품 **stack** ~을 쌓다 **on top of each other** 차곡차곡 **display** ~을 진열하다, 전시하다 **for sale** 판매용의, 판매 중인 **grocery** 식료품 **put** ~을 놓다, 두다

4.

(A) A worker is changing a tire.
(B) A car is entering a garage.
(C) A man is driving a vehicle.
(D) A worker is inspecting an engine.

(A) 작업자가 타이어를 교체하고 있다.
(B) 자동차가 차고로 들어오고 있다.
(C) 남자가 차량을 운전하고 있다.
(D) 작업자가 엔진을 점검하고 있다.

정답 (D)

해설 (A) 타이어를 교체하는 모습이 아니므로 오답.
　　(B) 자동차가 차고로 들어오는 모습이 아니므로 오답.
　　(C) 남자가 차량을 운전하고 있는 모습이 아니므로 오답.
　　(D) 남자가 자동차 앞부분의 엔진을 들여다보고 있으므로 정답.

어휘 **enter** ~에 들어가다 **garage** 차고 **vehicle** 차량 **inspect** ~을 점검하다, 검사하다

5.

(A) They're hanging pictures on the wall.
(B) They're putting a painting in a frame.
(C) She's studying a drawing.
(D) He's painting a wall.

(A) 사람들이 벽에 그림들을 걸고 있다.
(B) 사람들이 그림을 액자에 넣고 있다.
(C) 여자가 그림을 들여다보고 있다.
(D) 남자가 벽에 페인트칠을 하고 있다.

정답 (C)

해설 (A) 그림들은 이미 벽에 걸려 있으므로 오답.
　　(B) 그림을 액자에 넣는 모습이 아니므로 오답.
　　(C) 여자가 그림을 자세히 들여다보고 있으므로 정답.
　　(D) 남자가 벽을 칠하고 있지 않으므로 오답.

어휘 **hang** ~을 걸다, 매달다 **picture** 그림(= painting, drawing) **study** ~을 자세히 들여다보다 **paint** ~을 칠하다

6.

(A) The waiting area is full of customers.
(B) A suitcase is being pulled.
(C) The woman is checking her mobile phone.
(D) The woman is waiting near a checkout counter.

(A) 대기실이 고객들로 가득 차 있다.
(B) 여행 가방이 끌리고 있다.

(C) 여자가 휴대폰을 확인하고 있다.

(D) 여자가 계산대 근처에서 기다리고 있다.

정답 (C)

해설 (A) 대기실에 많은 사람이 보이지 않으므로 오답.

(B) 여행 가방은 여자 옆에 놓여 있으므로 오답.

(C) 여자가 휴대폰을 들여다보는 모습이므로 정답.

(D) 계산대가 보이지 않으므로 오답.

어휘 **waiting area** 대기실 **be full of** ~로 가득 차다 **customer** 고객 **suitcase** 여행 가방 **check** ~을 확인하다 **checkout counter** 계산대

Part 2

7. (C)	8. (C)	9. (A)	10. (B)	11. (B)
12. (A)	13. (C)	14. (A)	15. (A)	16. (B)
17. (A)	18. (A)	19. (C)	20. (C)	21. (B)
22. (A)	23. (C)	24. (B)	25. (B)	26. (B)

7. What do you think about the new manager?

(A) Yes, for almost 10 years.

(B) I knew about it.

(C) I haven't talked to her yet.

신임 부장님에 대해서 어떻게 생각하세요?

(A) 네, 거의 10년 동안이요.

(B) 그것에 대해 알고 있었어요.

(C) 아직 그분과 얘기해 보지 못했어요.

정답 (C)

해설 (A) 신임 부서장에 대한 의견이 아닌 대략적인 기간을 말하는 답변이므로 오답.

(B) 사람이 아닌 특정 대상(it)에 대해 알고 있었다는 사실을 말하는 답변이므로 오답.

(C) 아직 얘기해 보지 않아 어떻게 생각하는지 의견을 말할 수 없다는 뜻을 밝히는 답변이므로 정답.

어휘 **What do you think about ~?** ~에 대해 어떻게 생각하세요? **yet** 아직

8. What should I get Jenny for her birthday?

(A) It's the day after tomorrow.

(B) It costs about 10 dollars.

(C) How about a bouquet of flowers?

생일 선물로 제니 씨에게 무엇을 사줘야 할까요?

(A) 그건 모레입니다.

(B) 약 10달러의 비용이 들어요.

(C) 꽃다발은 어때요?

정답 (C)

해설 (A) 시점 표현으로 질문 내용과 관련 없는 오답.

(B) 비용을 말하는 답변으로 오답.

(C) '~가 어때요?'라는 의미로 쓰이는 「How about ~?」 표현으로 선물 종류를 제안하는 정답.

어휘 **the day after tomorrow** 모레 **cost** v. ~의 비용이 들다 cf. 동사 변화는 cost-cost-cost **about** 약, 대략 **bouquet of flowers** 꽃다발

9. What do you think of our new office?

(A) It looks great.

(B) The desk is over there.

(C) On the 4th floor.

우리 새 사무실에 대해 어떻게 생각하세요?

(A) 아주 좋아 보여요.

(B) 그 책상은 저기 저쪽에 있어요.

(C) 4층에요.

정답 (A)

해설 (A) new office를 It으로 지칭해 아주 좋아 보인다는 의견을 밝히고 있으므로 정답.

(B) 새 사무실에 대한 의견이 아닌 책상이 놓인 위치를 말하는 답변이므로 오답.

(C) Where에 어울리는 위치 전치사구로 답변하고 있으므로 오답.

어휘 **What do you think of ~?** ~에 대해서 어떻게 생각하세요? **look + 형용사**: ~하게 보이다, ~한 것 같다 **over there** 저기 저쪽에

10. Sales of our new menu items have been lower than we expected.

(A) At tomorrow's meeting.

(B) I know. It's disappointing.

(C) It's on sale now.

우리의 새 메뉴 품목 매출이 우리가 예상했던 것보다 낮았습니다.
(A) 내일 회의에서요.
(B) 알아요. 실망스럽네요.
(C) 그건 지금 세일 중입니다.

정답 (B)

해설 (A) 매출 저조와 관련 있을 법한 내일 회의를 언급하지만 제시 문장의 내용에 어울리지 않는 반응이므로 오답.
(B) 상대방이 말하는 매출 관련 정보를 알고 있다는 말과 함께 매출이 낮은 것에 대한 실망감을 나타내는 답변이므로 정답.
(C) Sale의 다른 의미(할인 판매)를 활용해 혼동을 유발하는 답변으로, 제품이 할인 판매 중임을 말하고 있으므로 저조한 매출과 관련 없는 오답.

어휘 **sales** 매출, 판매(량), 영업, 할인 판매 **item** 품목, 제품 **expect** ~을 예상하다, 기대하다 **disappointing** 실망시키는 **on sale** 할인 판매 중인

11. Which hotel is hosting this year's conference?
(A) Over 3,000 attendees.
(B) The same one as last year.
(C) You can register online.

어느 호텔에서 올해의 컨퍼런스를 주최하나요?
(A) 3,000명이 넘는 참석자들이요.
(B) 작년과 같은 곳이요.
(C) 온라인으로 등록하실 수 있어요.

정답 (B)

해설 (A) How many에 어울리는 행사 참석자 규모를 말하는 답변이므로 오답.
(B) 질문에 포함된 hotel을 대신하는 대명사 one과 함께 작년과 같은 곳이라는 말로 행사 주최 호텔을 알려주는 답변이므로 정답.
(C) 방법을 묻는 How에 어울리는 등록 방법을 말하는 답변이므로 오답.

어휘 **host** ~을 주최하다 **over** ~가 넘는 **attendee** 참석자 **register** 등록하다

12. What did the client say about our budget proposal?

(A) She was very impressed.
(B) The sales figures.
(C) Without his approval.

그 고객이 우리 예산 제안서에 대해 뭐라고 하시던가요?
(A) 그분께서는 매우 깊은 인상을 받으셨어요.
(B) 매출 수치요.
(C) 그분의 승인 없이요.

정답 (A)

해설 (A) 질문에 포함된 the client를 She로 지칭해 그 사람이 느낀 점을 전달하는 답변에 해당되므로 정답.
(B) 고객의 의견이 아닌 어떤 정보의 종류를 말하는 답변이므로 오답.
(C) 제안서에 대한 고객의 의견이 아닌 누군가의 승인 여부와 관련된 말이므로 오답.

어휘 **budget** 예산 **proposal** 제안(서) **impressed** 깊은 인상을 받은 **sales** 매출, 영업, 판매(량) **figure** 수치, 숫자 **approval** 승인

13. Which font should I use for the advertisement?
(A) A television commercial.
(B) I think it looks great.
(C) Whatever you think is best.

광고에 어느 서체를 사용해야 하나요?
(A) 텔레비전 광고요.
(B) 아주 좋아 보이는 것 같아요.
(C) 무엇이든 당신이 가장 좋다고 생각하는 것이요.

정답 (C)

해설 (A) 질문에 포함된 advertisement와 연관성 있게 들리는 television commercial을 활용해 혼동을 유발하는 답변으로, 서체의 종류가 아닌 특정 광고 방식을 말하고 있으므로 오답.
(B) 서체의 종류가 아닌 특정 대상(it)에 대한 답변자 자신의 의견을 말하는 답변이므로 오답.
(C) 특정 서체를 언급하는 대신 상대방에게 선택권을 주겠다는 말이므로 정답.

어휘 **font** 서체 **advertisement** 광고 **commercial** n. 광고 (방송) **look + 형용사**: ~하게 보이다, ~한 것 같다 **whatever** 무엇이든 ~하는 것

14. Who is in charge of sending invitations?

(A) It hasn't been decided yet.

(B) For the fundraising event.

(C) No, I wasn't invited.

누가 초대장을 보내는 일을 담당하고 있나요?

(A) 아직 결정되지 않았어요.

(B) 기금 마련 행사를 위해서요.

(C) 아뇨, 저는 초대받지 못했어요.

정답 (A)

해설 (A) 아직 결정되지 않았다는 말로 알 수 없음을 나타내는 정답.

(B) 초대장을 보내는 일을 담당하고 있는 사람이 아닌 초대장 발송 목적을 말하고 있으므로 오답.

(C) 의문사 의문문에 어울리지 않는 No로 답변하는 오답. 의문사 의문문에 대해 Yes나 No로 시작되는 답변은 바로 오답 소거해야 한다.

어휘 **in charge of** ~을 책임지는, 맡고 있는 **invitation** 초대(장) **decide** ~을 결정하다 **fundraising** 기금 마련, 모금 **invite** ~을 초대하다

15. Today is the perfect day for a golf tournament, isn't it?

(A) Right, the weather is beautiful.

(B) It will start soon.

(C) Usually every weekend.

오늘은 골프 경기를 개최하기에 완벽한 날이죠, 그렇지 않나요?

(A) 맞아요, 날씨가 정말 좋아요.

(B) 곧 시작할 겁니다.

(C) 보통 매주 주말에요.

정답 (A)

해설 (A) 동의를 나타내는 Right과 함께 골프 경기를 개최하기에 완벽한 날이라고 생각하는 이유를 덧붙이는 답변이므로 정답.

(B) 경기가 시작되는 대략적인 미래 시점을 말하는 답변이므로 골프 경기를 개최하기에 완벽한 날이라는 점에 대해 확인하기 위해 묻는 말과 관련 없는 오답.

(C) 반복 주기와 관련된 답변으로 질문 내용과 관련 없는 오답.

어휘 **usually** 보통, 일반적으로

16. You've met Mr. Hawkins before, haven't you?

(A) Sometime next week.

(B) No, I don't think so.

(C) He's the most qualified.

전에 호킨스 씨를 만나신 적이 있죠, 그렇지 않나요?

(A) 다음 주 중으로요.

(B) 아니요, 그런 것 같지 않아요.

(C) 그분이 가장 적격입니다.

정답 (B)

해설 (A) 과거의 경험을 묻는 것에 어울리지 않는 대략적인 미래 시점을 말하는 답변이므로 오답.

(B) 부정을 나타내는 No와 함께 그렇지 않은 것 같다는 말로 만난 적이 없음을 알리는 답변이므로 정답.

(C) Mr. Hawkins를 He로 지칭하고 있지만 만난 경험이 아닌 자격 여부를 말하고 있으므로 관련 없는 오답.

어휘 **think so** (앞서 언급된 것에 대해) 그렇게 생각하다 **qualified** 적격인, 자격을 갖춘

17. I'd like to make a reservation for a rental car.

(A) Your name, please?

(B) I thought I returned it.

(C) Thanks, I'd love to.

렌터카 예약을 하고 싶습니다.

(A) 성함이 어떻게 되시죠?

(B) 제가 그걸 반납한 것 같은데요.

(C) 고마워요, 꼭 그러고 싶어요.

정답 (A)

해설 (A) 상대방의 이름을 묻는 것으로 렌터카 예약에 필요한 조건을 묻는 답변이므로 정답.

(B) 고객이 할 수 있는 말이므로 렌터카 예약 요청을 받는 사람, 즉 직원의 반응으로 어울리지 않는 오답.

(C) 감사의 인사와 함께 앞서 언급된 일에 대한 수락을 나타내는 말인데, 이는 렌터카 예약 요청을 받는 직원이 보일 수 있는 반응으로 어울리지 않으므로 오답.

어휘 **make a reservation** 예약하다 **rental car** 렌터카 **return** ~을 반납하다, 반품하다 **I'd love to** (제안에 대한 수락) 꼭 그러고 싶어요, 좋아요

18. I heard the project manager is going on a business trip to South Africa.

(A) How long will it be?

(B) A factory in Taiwan.

(C) Yes, he came back from his trip.

프로젝트 팀장님께서 남아프리카로 출장을 가신다고 들었어요.

(A) 그게 얼마나 오래 걸릴까요?

(B) 타이완에 있는 공장이요.

(C) 네, 그는 여행에서 돌아왔어요.

정답 (A)

해설 (A) 출장 가는 일을 it으로 지칭해 그 기간을 묻는 말이므로 정답.

(B) project 및 business와 연관성 있게 들리는 factory를 활용해 혼동을 유발하는 답변으로, 팀장의 남아프리카 출장 소식과 관련 없는 타 지역 공장을 언급하는 말이므로 오답.

(C) 제시 문장에 나온 trip을 그대로 이용한 함정으로 오답.

어휘 **go on a business trip** 출장을 가다 **come back from** ~에서 돌아오다

19. You're going to the music festival, aren't you?

(A) There were many musicians.

(B) Could you turn the volume down?

(C) Only if I can get a day off.

음악 축제에 가시죠, 그렇지 않나요?

(A) 많은 음악가들이 있었습니다.

(B) 소리 좀 줄여 주시겠어요?

(C) 제가 하루 쉴 수 있는 경우에만요.

정답 (C)

해설 (A) 답변자 자신의 음악 축제 참석 여부가 아닌 축제 공연자 규모와 관련된 답변이므로 오답.

(B) music과 연관성 있게 들리는 turn the volume down을 활용해 혼동을 유발하는 답변으로, 답변자 자신의 음악 축제 참석 여부를 말하는 것이 아니므로 오답.

(C) 음악 축제에 참석하는 데 필요한 조건을 언급하는 답변이므로 정답.

어휘 **turn A down**: A를 줄이다, 낮추다 **get A off**: A만큼 쉬다, 휴무하다

20. What's the extension for Customer Service?

(A) At the service desk.

(B) 100 dollars.

(C) It's 8160.

고객 서비스부의 내선 번호가 무엇인가요?

(A) 서비스 데스크에서요.

(B) 100달러입니다.

(C) 8160입니다.

정답 (C)

해설 (A) Where에 어울리는 위치 전치사구로 답변하고 있으므로 오답.

(B) 질문에 포함된 Service와 연관성 있게 들리는 비용 수준을 말하는 것으로 혼동을 유발하는 오답.

(C) extension에 해당되는 특정 번호를 말하는 답변이므로 정답.

어휘 **extension** 내선 (번호)

21. That was the last session of the workshop, right?

(A) Last semester.

(B) No, there's a couple more.

(C) Yes, I registered in advance.

그게 워크숍의 마지막 시간이었죠, 그렇죠?

(A) 마지막 학기요.

(B) 아뇨, 두 가지 더 있어요.

(C) 네, 저는 미리 등록했습니다.

정답 (B)

해설 (A) last를 반복 사용해 혼동을 유발하는 답변으로, 워크숍 마지막 시간이었는지에 대해 확인하는 질문과 관련 없는 오답.

(B) 부정을 나타내는 No와 함께 워크숍의 남아 있는 분량을 알려주는 말을 덧붙이고 있으므로 정답.

(C) 긍정을 나타내는 Yes로 답변이 시작되고 있지만, 정작 Yes 뒤에 이어지는 말은 워크숍의 마지막 시간이었는지에 대한 확인과 관련 없는 오답.

어휘 **session** (특정 활동을 위한) 시간 **semester** 학기 **register** 등록하다 **in advance** 미리, 사전에

22. Rhonda has offered to organize the design workshop.

(A) That will be a great help.

(B) Place the sign by the front door.

(C) It's open to all team members.

론다 씨가 디자인 워크숍을 준비하겠다고 제안하셨어요.

(A) 그럼 아주 큰 도움이 될 거예요.

(B) 표지판을 앞문 옆에 놓아두세요.

(C) 모든 팀원에게 열려 있습니다.

정답 (A)

해설 (A) 론다 씨가 디자인 워크숍을 준비하는 일을 That으로 지칭해 그렇게 하면 큰 도움이 될 것이라는 의견을 밝히는 답변이므로 정답.

(B) design과 일부 발음이 유사한 sign을 활용해 혼동을 유발하는 오답.

(C) 행사 참가 대상자와 관련된 말이므로 론다 씨의 디자인 워크숍 준비 제안과 관련 없는 오답.

어휘 **offer to do** ~하겠다고 제안하다 **organize** ~을 준비하다, 조직하다 **place** v. ~을 놓다, 두다 **sign** 표지(판) **by** ~ 옆에 **open to** ~에게 열려 있는, 공개된

23. We should send travel receipts to the Personnel Department, shouldn't we?

(A) Thanks, we had an amazing trip.

(B) I'll give you a ride.

(C) No, to Cathy in Accounting.

인사부에 출장 영수증들을 보내야 하죠, 그렇지 않나요?

(A) 고맙습니다, 저희는 놀라운 여행을 했어요.

(B) 제가 차로 태워 드릴게요.

(C) 아뇨, 회계부의 캐시 씨에게요.

정답 (C)

해설 (A) travel과 연관성 있게 들리는 trip을 활용해 혼동을 유발하는 답변으로, 과거의 여행에 대한 의견을 말하고 있으므로 출장 영수증 수령 부서와 관련 없는 오답.

(B) travel과 연관성 있게 들리는 ride를 활용해 혼동을 유발하는 답변으로, 상대방에게 차로 태워 주겠다고 제안하고 있으므로 출장 영수증 수령 부서와 관련 없는 오답.

(C) 부정을 나타내는 No와 함께 영수증을 수령하는 실제 부서를 알려주는 것으로 상대방의 정보가 잘못되었음을 말

하는 답변이므로 정답.

어휘 **receipt** 영수증 **Personnel Department** 인사부 **amazing** 놀라운 **give A a ride**: A를 차로 태워 주다 **Accounting** 회계부

24. We should check for any errors in these blueprints.

(A) Building designs, I think.

(B) Alex already reviewed them.

(C) Yes, for a new shopping mall.

우리는 이 설계도에 어떤 오류라도 있는지 확인해야 합니다.

(A) 건물 디자인인 것 같아요.

(B) 알렉스 씨가 이미 검토했습니다.

(C) 네, 새 쇼핑몰을 위한 것입니다.

정답 (B)

해설 (A) 어떤 대상에 대해 건물 디자인인 것 같다는 의견을 말하는 답변이므로, 설계도상의 오류 확인 제안에 대한 반응으로 어울리지 않는 오답.

(B) 알렉스 씨가 이미 검토했다는 말로 오류가 있는지 확인할 필요가 없다는 뜻을 나타내는 답변이므로 정답.

(C) 동의를 나타내는 Yes로 답변이 시작되고 있지만, 정작 Yes 뒤에 이어지는 말은 설계도의 용도를 알리고 있으므로 설계도상의 오류 확인 제안에 대한 반응으로 어울리지 않는 오답.

어휘 **check for** (문제 등) ~가 있는지 확인하다 **blueprint** 설계도, 청사진 **review** ~을 검토하다

25. I think Luis will be the top salesman this month, don't you?

(A) Well, it was on sale.

(B) Yeah, he's done very well.

(C) No, in Human Resources.

루이스 씨가 이번 달 최고의 영업 사원이 되실 것 같아요, 그렇게 생각하지 않으세요?

(A) 저, 그건 할인 판매 중이었습니다.

(B) 네, 그분이 아주 잘해 주셨어요.

(C) 아뇨, 인사부에서요.

정답 (B)

해설 (A) salesman과 일부 발음이 같은 sale을 활용해 혼동을 유
발하는 답변으로, 최고의 영업 사원이 될 것 같다는 의견
과 관련 없는 할인 판매를 말하고 있으므로 오답.

(B) 긍정을 나타내는 Yeah와 함께 Luis를 he로 지칭해 최고
의 영업 사원이 될 수 있는 이유를 덧붙인 답변이므로 정
답.

(C) 질문의 내용과 관련 없는 부서명을 언급하는 오답.

어휘 **salesman** 영업 사원 **on sale** 할인 판매 중인 **Human
Resources** 인사팀, 인사부

26. I don't know where my ID card is.
(A) We'll find out tomorrow.
(B) I saw it in the break room.
(C) Let's get a rental car.

제 신분증이 어디 있는지 모르겠어요.
(A) 우리가 내일 알게 될 겁니다.
(B) 그걸 휴게실에서 봤어요.
(C) 렌터카를 한 대 빌립시다.

정답 (B)

해설 (A) 상대방이 분실한 신분증과 관련해 답변자가 속한 여러 사
람들(We)이 그것이 어디 있는지 알게 될 것이라는 말은
앞뒤가 맞지 않으므로 오답. 또한 find out은 '정보 등을
알아내다, 알게 되다'라는 의미로 사용되기 때문에 사물인
신분증이 어디 있는지 모르겠다는 문제점과 관련 없는 답
변이므로 오답.

(B) ID card를 it으로 지칭해 그것을 본 장소를 알려주는 답변
이므로 정답.

(C) card와 발음이 유사한 car를 활용해 혼동을 유발하는 답
변으로, 렌터카를 빌리자고 제안하는 말이므로 신분증 분
실과 관련 없는 오답.

어휘 **find out** 알아내다, 알게 되다 **break room** 휴게실 **rental
car** 렌터카

Day 02 Part 3, 4 실전 연습

Part 3

1. (B)	**2.** (C)	**3.** (C)	**4.** (B)	**5.** (B)
6. (C)	**7.** (D)	**8.** (D)	**9.** (B)	

Questions 1-3 refer to the following conversation.

M: Hi, Joanna. **1** I'm considering buying a new
house, and I heard you mention that you bought
yours through Goldberg Realty. Were they
helpful?

W: Definitely. You should go to their offices and
have a chat with **2** Jeff Goldberg. He has so
much experience in finding the perfect homes
for his clients, especially young families.

M: That sounds perfect. Where is his agency?

W: It's on the corner of Mitchum and Twelfth. But,
3 I would strongly recommend visiting the
company's Web site first. There's a lot of useful
information on it that will help you prepare for
your meeting.

....

남: 안녕하세요, 조애나 씨. 제가 새 주택 구입을 고려 중인데, 당신
이 골드버그 리얼티를 통해서 주택을 구입하셨다고 말씀하신
것을 들었어요. 도움이 되셨나요?

여: 당연하죠. 그곳 사무실에 가셔서 제프 골드버그 씨와 얘기해
보셔야 해요. 그분은 고객들을 위해 완벽한 주택을 찾으시는 데
경험이 아주 많으신 분이에요, 특히 젊은 부부들을 위해서요.

남: 아주 좋은 것 같네요. 그분 업체가 어디에 있나요?

여: 미첨 가와 12번 가가 만나는 모퉁이에 있어요. 하지만, 먼저 그
회사 웹 사이트를 방문해 보실 것을 적극 권해 드리고 싶어요.
그 사이트에 만남을 준비하는 데 도움이 될 유용한 정보가 많
이 있어요.

어휘 **consider -ing** ~하는 것을 고려하다 **hear A do:** A가 ~하
는 것을 듣다 **mention that** ~라고 말하다 **through** ~을 통
해 **helpful** 도움이 되는, 유익한 **Definitely** (강한 긍정) 당
연하죠, 틀림 없어요 **experience in -ing** ~하는 데 있어서
의 경험 **especially** 특히 **agency** 업체, 대행사 **on the**

corner of A and B: A와 B가 만나는 모퉁이에 **strongly recommend -ing** ~하도록 적극 권하다 **useful** 유용한 **help A do**: A가 ~하는 데 도움을 주다 **prepare for** ~을 준비하다, ~에 대비하다

1. 화자들은 무엇에 대해 이야기하고 있는가?
(A) 여행을 준비하는 것
(B) 부동산을 구입하는 것
(C) 건물을 개조하는 것
(D) 행사를 계획하는 것

정답 (B)

해설 대화를 시작하면서 남자가 새 주택 구입을 고려하고 있다고 (I'm considering buying a new house ~) 언급한 뒤로 그와 관련된 방법에 관해 이야기하는 것으로 대화가 진행되고 있으므로 (B)가 정답이다.

어휘 **organize** ~을 준비하다, 조직하다 **purchase** ~을 구입하다 **property** 부동산, 건물 **renovate** ~을 개조하다, 보수하다
Paraphrase buying a new house → Purchasing a property

2. 골드버그 씨는 누구일 것 같은가?
(A) 건축가
(B) 인테리어 디자이너
(C) 부동산 중개업자
(D) 금융 상담 전문가

정답 (C)

해설 골드버그 씨의 이름이 언급되는 대화 중반부에, 여자가 골드버그 씨가 고객들을 위해 완벽한 주택을 찾아주는 일에 경험이 많다고(Jeff Goldberg. He has so much experience in finding the perfect homes for his clients ~) 말하고 있다. 이는 부동산 중개업자가 하는 일에 해당되므로 (C)가 정답이다.

어휘 **financial** 금융의, 재정의 **advisor** 상담 전문가, 고문

3. 여자는 남자에게 무엇을 하도록 권하는가?
(A) 사무실에 전화하기
(B) 이메일 주소 제공하기
(C) 웹 사이트 방문하기
(D) 설문조사지 작성하기

정답 (C)

해설 여자가 권하는 일을 묻고 있으므로 여자의 말에서 권고나 제안과 관련된 표현이 언급되는 부분에서 단서를 찾아야 한다. 대화 마지막에 여자가 회사 웹 사이트를 방문해 보도록 적극 권한다고(~ I would strongly recommend visiting the company's Web site first) 말하는 내용이 있으므로 이를 언급한 (C)가 정답이다.

어휘 **provide** ~을 제공하다 **fill out** ~을 작성하다 **survey** 설문 조사(지)

Questions 4-6 refer to the following conversation.

M: Hello, Ms. Wexler. **4** My team has just finished setting up the buffet. Once the roasted chicken is finished, all the food should be ready for your luncheon.

W: We're right on schedule, then. Thank you, Matt. I'm very pleased with your services. Oh, and **5** have the chairs arrived yet for the seating area?

M: **5** Yes, they were unloaded from the truck, but **6** haven't been set up.

W: **6** OK. I think we'll need some extra. You know where the storage room is, right?

....

남: 안녕하세요, 웩슬러 씨. 저희 팀이 뷔페를 마련하는 일을 막 끝마쳤습니다. 구운 닭 요리가 완료되기만 하면, 귀하의 오찬 행사에 필요한 모든 음식이 준비될 겁니다.

여: 그럼 예정대로 잘 되어가고 있는 거네요. 고마워요, 매트 씨. 제공해 주시는 서비스에 매우 만족합니다. 아, 그리고 혹시 좌석 공간에 놓을 의자들이 도착했나요?

남: 네, 트럭에서 내리기는 했지만, 설치되지는 않았습니다.

여: 알겠어요. 여분이 좀 필요할 것 같습니다. 물품 보관실이 있는 곳이 어딘지 알고 계시죠, 그렇죠?

어휘 **set up** ~을 마련하다, 설치하다 **once** ~하기만 하면, 일단 ~하는 대로 **be ready for** ~에 대한 준비가 되다 **luncheon** 오찬 **be right on schedule** 예정대로 잘 되어가다 **then** 그럼, 그렇다면 **be pleased with** ~에 만족하다, ~에 기쁘다 **arrive** 도착하다 **seating area** 좌석 공간 **unload** (짐 등) ~을 내리다 **extra** 여분(의 것) **storage** 보관, 저장

4. 남자는 어느 분야에서 근무하겠는가?
(A) 연예

(B) 출장 요리 제공
(C) 부동산
(D) 조경

정답 (B)

해설 대화 초반부에 남자가 자신의 팀을 My team으로 지칭해 뷔페를 마련하는 일을 막 끝마쳤다고(My team has just finished setting up the buffet) 알리고 있다. 이는 요리를 제공하는 팀에 속한 사람이 할 수 있는 말에 해당되므로 (B)가 정답이다.

어휘 field 분야 catering 출장 요리 제공(업)

---

5. 여자는 무엇에 대해 문의하는가?
(A) 공연 무대
(B) 가구
(C) 방 크기
(D) 음향 장비

정답 (B)

해설 여자가 대화 중반부에 의자들이 도착했는지(~ have the chairs arrived yet for the seating area?) 묻는 것에 대해 남자가 'Yes'라는 말로 확인해 주고 있으므로 의자 제품이 속하는 범주에 해당되는 단어인 (B)가 정답이다.

어휘 equipment 장비

Paraphrase chairs → furniture

---

6. 여자가 "물품 보관실이 있는 곳이 어딘지 알고 계시죠, 그렇죠?"라고 말할 때 그 말의 의미는 무엇인가?
(A) 행사 공간을 재배치하고 싶어 한다.
(B) 남자가 자신에게 길을 알려주기를 원한다.
(C) 남자가 어떤 일을 완료하기를 원한다.
(D) 빠진 물품을 찾아보고 싶어 한다.

정답 (C)

해설 남자가 대화 후반부에 의자가 설치되지 않은 사실을(~ haven't been set up) 언급하자 여자가 알겠다고 하면서 여분의 의자가 필요하다고(OK. I think we'll need some extra) 알리면서 '물품 보관실이 있는 곳이 어딘지 알고 계시죠?'라고 묻는 상황이다. 이는 여분의 의자를 꺼내 설치 작업을 완료하도록 요청하는 것, 즉 남자가 일을 완료하도록 원하는 것이므로 (C)가 정답이다.

어휘 reorganize ~을 재배치하다, 재편하다 want A to do: A가 ~하기를 원하다 give A directions: A에게 길을 알려주다 complete ~을 완료하다 look for ~을 찾다 missing 빠진, 없는

Questions 7-9 refer to the following conversation and graph.

> W: Stan, have you checked the latest report yet? We need to do something to improve this one shift. I think we might need to hire a new manager.
> M: What's the problem? **7** That shift only gets an average of 50 orders.
> W: **8** Some workers have recently quit, so there aren't enough employees to work that shift.
> M: Oh, I see. **9** With our main competitor Burger Zone closing next month, we'll probably become a lot busier. We need to make sure each shift is ready.

....

여: 스탠 씨, 혹시 최신 보고서를 확인해 보셨나요? 이 교대 근무 하나를 개선하기 위해 뭔가 해야 합니다. 제 생각엔 우리가 신임 관리 책임자를 고용해야 할 것 같아요.

남: 뭐가 문제인가요? 그 교대 근무는 겨우 평균 50개의 주문만 받고 있어요.

여: 일부 직원들이 최근에 그만두었기 때문에, 그 근무조로 일할 직원이 충분하지 않습니다.

남: 아, 알겠습니다. 우리 주요 경쟁업체인 버거 존이 다음 달에 문을 닫는 상황이라, 우리는 아마 훨씬 더 바빠질 것입니다. 각 교대 근무조가 반드시 준비되도록 해야 합니다.

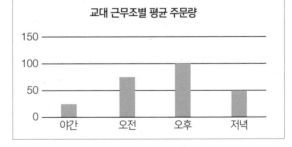

교대 근무조별 평균 주문량

어휘 improve ~을 개선하다, 향상시키다 shift 교대 근무(조) hire ~을 고용하다 average n. 평균 a. 평균의 recently 최근에 quit 그만두다 with A -ing: A가 ~하면서

competitor 경쟁업체, 경쟁자 **a lot** (비교급 수식) 훨씬
make sure (that) 반드시 ~하도록 하다

7. 시각자료를 보시오. 화자들은 어느 근무조를 이야기하고 있는가?
   (A) 야간
   (B) 오전
   (C) 오후
   (D) 저녁

정답 (D)

해설 시각자료가 그래프일 경우, 각 항목의 명칭과 수치 정보를 확인하고 순위의 우열과 관련된 내용에 주의해 들어야 한다. 대화 중반부에 남자가 평균 50개의 주문만 받는 특정 근무조를 (That shift only gets an average of 50 orders) 언급한 뒤로 그 근무조와 관련해 이야기하고 있는데, 그래프에서 주문량 50개에 해당되는 근무조가 Evening이므로 (D)가 정답이다.

8. 여자의 말에 따르면, 무엇이 문제였는가?
   (A) 저조한 매출
   (B) 고객 불만
   (C) 배송 지연
   (D) 직원 부족

정답 (D)

해설 여자가 말하는 문제점을 묻는 문제이므로 여자의 말에서 부정적인 정보를 찾아야 한다. 대화 중반부에 여자가 일부 직원들이 그만두면서 직원이 충분하지 못한 상황을(Some workers have recently quit, so there aren't enough employees to work that shift) 알리고 있으므로 '직원 부족'을 뜻하는 (D)가 정답이다.

어휘 **sales** 매출, 판매(량), 영업 **complaint** 불만 **shipping** 배송 **delay** 지연, 지체 **shortage** 부족

[Paraphrase] there aren't enough employees
      → Employee shortages

9. 남자는 다음 달에 무슨 일이 있을 것이라고 말하는가?
   (A) 신제품이 출시될 것이다.
   (B) 레스토랑이 문을 닫을 것이다.
   (C) 업체가 개조될 것이다.

   (D) 가격이 오를 것이다.

정답 (B)

해설 다음 달이라는 시점이 언급되는 대화 후반부에, 주요 경쟁 업체인 버거 존이 다음 달에 문을 닫는다고(With our main competitor Burger Zone closing next month ~) 말하고 있으므로 이를 언급한 (B)가 정답이다.

어휘 **launch** ~을 출시하다 **renovate** ~을 개조하다, 보수하다 **increase** 오르다, 증가되다

[Paraphrase] main competitor Burger Zone → restaurant

Part 4

10. (D)	11. (A)	12. (C)	13. (D)	14. (A)
15. (B)	16. (A)	17. (B)	18. (C)	

Questions 10-12 refer to the following telephone message.

Hello, Mr. Han. I'm Sandy Kenderson calling from Pro Fitness Center. I'm calling about your membership application form you submitted on April 21. It seems that **10** you forgot to provide some details such as your height, weight, and age when you filled out the form. I need this information to issue you a membership card. **11** Your gym orientation is scheduled for April 26, so **12** I would appreciate it if you could call our office and give me these details by April 24. You can reach me any time before 9 P.M. Thank you and have a nice day.

안녕하세요, 한 씨. 저는 프로 핏트니스 센터에서 전화 드리는 샌디 켄덜슨입니다. 귀하께서 4월 21일에 제출하신 회원 가입 신청 양식과 관련해 전화 드립니다. 귀하께서 해당 양식을 작성하실 때 키, 몸무게, 그리고 연령과 같은 몇몇 세부 정보들을 제공하는 것을 잊으신 듯합니다. 귀하께 회원 카드를 발급해 드리기 위해 이 정보가 필요합니다. 체육관 이용 오리엔테이션이 4월 26일로 예정되어 있으므로 4월 24일까지 저희 사무실로 전화 주셔서 해당 세부 정보를 제공해 주실 수 있다면 감사하겠습니다. 오후 9시 전이면 언제든지 저에게 연락하실 수 있습니다. 감사드리며, 좋은 하루 되십시오.

어휘 **application** 신청, 지원 **form** 양식, 서식 **submit** ~을 제출하다 **It seems that** ~인 듯하다, ~한 것 같다 **forget to do** ~하는 것을 잊다 **provide** ~을 제공하다 **detail** 세부 정

보, 세부 사항 such as ~와 같은 issue A B: A에게 B를 발급하다, 지급하다 be scheduled for + 시점: ~로 예정되어 있다 I would appreciate it if ~라면 감사하겠습니다 by (기한) ~까지 reach ~에게 연락하다 any time 언제든지

10. 메시지의 목적은 무엇인가?
(A) 업무 시간을 확인하는 것
(B) 반품 정책을 설명하는 것
(C) 새로운 요가 강좌를 홍보하는 것
(D) 일부 정보를 요청하는 것

정답 (D)

해설 화자가 자기소개에 이어 회원 양식의 일부 정보가 빠진 사실과 함께 그 정보가 필요하다고(~ you forgot to provide some details such as your height, weight, and age when you filled out the form. I need this information to issue you a membership card) 알리는 것이 목적에 해당된다. 이는 일부 정보를 요청하는 일에 해당되므로 (D)가 정답이다.

어휘 confirm ~을 확인해 주다 explain ~을 설명하다 return 반품, 반납 policy 정책, 방침 promote ~을 홍보하다 request ~을 요청하다

11. 4월 26일에 무슨 일이 있을 것인가?
(A) 오리엔테이션이 열릴 것이다.
(B) 일부 장비가 설치될 것이다.
(C) 신규 지점이 개장할 것이다.
(D) 개조 공사가 시작될 것이다.

정답 (A)

해설 담화 후반부에 오리엔테이션이 4월 26일로 예정되어 있다고 (Your gym orientation is scheduled for April 26 ~) 알리고 있으므로 (A)가 정답이다.

어휘 session (특정 활동을 위한) 시간 hold ~을 개최하다 equipment 장비 install ~을 설치하다 location 지점, 위치 renovation 개조, 보수

Paraphrase orientation is scheduled for April 26 → orientation session will be held

12. 화자는 청자에게 무엇을 하도록 요청하는가?
(A) 계약서 검토하기

(B) 요금 지불하기
(C) 전화하기
(D) 주소 확인하기

정답 (C)

해설 담화 후반부에 4월 24일까지 전화해서 정보를 제공해 달라고(~ I would appreciate it if you could call our office and give me these details by April 24) 요청하는 말이 있으므로 전화를 거는 일을 언급한 (C)가 정답이다.

어휘 ask A to do: A에게 ~하도록 요청하다 review ~을 검토하다 contract 계약(서) fee 요금, 수수료 make a phone call 전화하다

Paraphrase call our office → Make a phone call

Questions 13-15 refer to the following radio broadcast.

Good morning, listeners, and **13** welcome to the Saturday morning traffic report. The roads are clear this morning, and traffic in the northern parts of the city is minimal. However, **14** there is a delay near Highway 150 due to repair work. Workers have closed down the highway and it'll take approximately six weeks to finish the construction project. So, I recommend taking Route 18 instead. Also, if you are planning to visit shops along Dermott Road on Sunday, remember that it will be inaccessible by car due to the annual marathon. **15** I'll be back with some local news after this commercial break.

안녕하세요, 청취자 여러분, 그리고 토요일 아침 교통 소식 시간에 오신 것을 환영합니다. 오늘 아침에는 도로들이 한산하며, 도시 북부의 교통량이 아주 적습니다. 하지만, 수리 작업으로 인해 150번 고속도로 근처에 지연 문제가 있습니다. 작업자들이 이 고속 도로를 폐쇄했으며, 해당 공사 프로젝트를 완료하는 데 약 6주의 시간이 걸릴 것입니다. 따라서, 대신 18번 도로를 이용하시도록 권해 드립니다. 또한, 일요일에 더멋 로드를 따라 위치한 매장들을 방문하실 계획이라면, 연례 마라톤 대회로 인해 차량으로 접근할 수 없을 것이라는 점을 기억하시기 바랍니다. 저는 광고 방송 후에 몇 가지 지역 소식과 함께 다시 찾아 뵙겠습니다.

어휘 traffic 교통(량), 차량들 clear (길 등이) 한산한 minimal 아주 적은 delay 지연, 지체 due to ~로 인해 repair 수리 close down ~을 폐쇄하다 take ~의 시간이 걸리다 approximately 약, 대략 recommend -ing ~하도록 권

하다, 추천하다 **instead** 대신 **plan to do** ~할 계획이다 **along** (길 등) ~을 따라 **inaccessible** 접근할 수 없는, 이용할 수 없는 **annual** 연례적인, 해마다의 **commercial break** 광고 방송 시간

13. 라디오 방송은 주로 무엇에 관한 것인가?
(A) 건물 시설 관리
(B) 조경 작업
(C) 지역 날씨
(D) 교통 상황

정답 (D)

해설 화자가 담화를 시작하면서 인사말로 토요일 아침 교통 소식 시간에 온 것을 환영한다고(~ welcome to the Saturday morning traffic report) 알리고 있다. 따라서 교통 상황에 관한 라디오 방송임을 알 수 있으므로 (D)가 정답이다.

어휘 **maintenance** 시설 관리, 유지 관리 **landscaping** 조경 **local** 지역의, 현지의

14. 무엇이 150번 고속 도로 근처의 교통을 지연시키는가?
(A) 보수 공사 프로젝트
(B) 스포츠 행사
(C) 매장 개장
(D) 야외 콘서트

정답 (A)

해설 문제에 제시된 키워드 near Highway 150(150번 고속 도로 근처)가 언급되는 곳을 들어보면 이곳에 정체가 발생했는데 이것이 보수 공사 작업 때문이라고(there is a delay near Highway 150 due to repair work) 되어 있다. 따라서 정답은 (A)이다.

어휘 **opening** 개장, 개점 **outdoor** 야외의

15. 청자들은 곧이어 무엇을 들을 것인가?
(A) 날씨 최신 정보
(B) 몇몇 광고
(C) 인터뷰
(D) 몇몇 비즈니스 뉴스

정답 (B)

해설 담화 맨 마지막에 광고 방송 후에 다시 돌아오겠다고(I'll be back with some local news after this commercial break) 알리고 있으므로 (B)가 정답이다.

어휘 **advertisement** 광고

`Paraphrase` commercial break → advertisements

Questions 16-18 refer to the following excerpt from a meeting and chart.

So now let's move on to the last agenda item. **16** We will look at the results of our recent customer survey to help us improve our popular Nutrina chocolate bar. As you can see, half of the respondents suggested that we improve the packaging. This did not come as a surprise, and I know that the marketing team is already changing the wrapper design. **17** The thing that concerns me is the suggestion made by 25 percent of survey takers. This is an issue that we need to seriously address. Therefore, to meet this demand, **18** we've decided to hire more professional staff members to deal with it. We'll hold a meeting to discuss it this week.

자, 이제 마지막 의제 항목으로 넘어가 보겠습니다. 우리의 인기 있는 뉴트리나 초콜릿 바를 개선시키는 데 도움이 되도록, 우리는 최근 고객 설문조사의 결과를 살펴볼 것입니다. 여러분이 보시다시피, 응답자의 절반이 우리가 포장재를 개선해야 한다고 제안했습니다. 이것은 놀라운 일이 아니었고, 저는 마케팅팀이 이미 포장지 디자인을 바꾸고 있다는 것을 알고 있습니다. 저를 걱정시키는 것은 설문조사 참여자들의 25퍼센트에 의해 만들어진 제안입니다. 이것은 우리가 진지하게 고심해야 할 문제입니다. 따라서, 이 요구를 충족하기 위해, 우리는 이 문제를 처리할 전문 직원들을 더 고용하기로 결정했습니다. 우리는 이것을 논의하기 위해 이번 주에 회의를 개최할 것입니다.

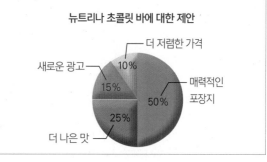

뉴트리나 초콜릿 바에 대한 제안

더 저렴한 가격 10%
새로운 광고 15%
매력적인 포장지 50%
더 나은 맛 25%

어휘 **move on to** ~로 넘어가다, 옮겨가다 **agenda item** 의제

항목 **result** 결과(물) **recent** 최근의 **survey** 설문조사 **improve** ~을 개선하다 **respondent** 응답자 **suggest that** ~라고 제안하다 **packaging** 포장(지) **come as a surprise** 놀라운 일이다 **wrapper** 포장지 **concern** ~을 걱정스럽게 만들다, 걱정하다 **make a suggestion** 제안하다 **seriously** 진지하게, 심각하게 **address** ~을 고심하다, 다루다 **meet** ~을 충족하다 **demand** 요구, 수요 **decide to do** ~하기로 결정하다 **hire** ~을 고용하다 **deal with** ~을 처리하다, 다루다 **discuss** ~을 논의하다 **attractive** 매력적인 **packaging** 포장 **flavor** 맛, 풍미

16. 청자들은 누구일 것 같은가?
(A) 제품 개발자들
(B) 시장 조사자들
(C) 주방 보조들
(D) 음식 평론가들

정답 (A)

해설 화자는 청자들에게 자신들의 인기 있는 뉴트리나 초콜릿 바를 개선시키는 데 도움이 되도록, 자신들의 최근 고객 설문조사의 결과를 살펴볼 거라고(We will look at the results of our recent customer survey to help us improve our popular Nutrina chocolate bar) 언급하고 있다. 이는 제품을 개발하는 입장에 있는 사람이 하는 일로 볼 수 있으므로 (A)가 정답이다.

어휘 **developer** 개발자 **researcher** 조사자, 연구자 **assistant** 보조, 조수 **critic** 평론가, 비평가

17. 시각자료를 보시오. 화자는 어느 항목에 대해 걱정하고 있는가?
(A) 매력적인 포장지
(B) 더 나은 맛
(C) 새로운 광고
(D) 더 저렴한 가격

정답 (B)

해설 화자의 우려 사항, 즉 부정적인 정보가 제시되는 담화 중반부에, 화자가 자신을 걱정시키는 것은 설문조사 참여자들의 25퍼센트에 의해 만들어진 제안이라고(The thing that concerns me is the suggestion made by 25 percent of survey takers) 언급하고 있다. 시각자료에서 25퍼센트의 비율을 차지하는 것이 Better flavor로 쓰여 있으므로 (B)가

정답이다.

어휘 **be worried about** ~에 대해 걱정하다

18. 회사는 무엇을 하기로 결정했는가?
(A) 유명 인사와 협업하기
(B) 또 다른 매장 개장하기
(C) 직원 더 고용하기
(D) 광고 캠페인 시작하기

정답 (C)

해설 결정 사항이 언급되는 담화 후반부에, 이 문제를 처리할 전문 직원들을 더 고용하기로 결정했다고(~ we've decided to hire more professional staff members to deal with it) 언급하고 있으므로 (C)가 정답이다.

어휘 **collaborate with** ~와 협업하다 **celebrity** 유명 인사 **launch** ~을 시작하다, ~에 착수하다 **advertising** 광고 (활동)

Day 03 Part 5, 6 실전 연습

Part 5

1. (B)	2. (D)	3. (B)	4. (A)	5. (D)
6. (C)	7. (D)	8. (B)	9. (C)	10. (D)
11. (D)	12. (D)	13. (B)	14. (C)	15. (A)
16. (D)				

1.

정답 (B)

해석 하트 씨는 빌먼 엔지니어링 사의 임원들과 함께 하는 논의가 상호 이득이 되는 것이기를 바라고 있다.

해설 빈칸이 정관사와 전치사 사이에 있으므로 빈칸은 명사 자리이다. 따라서 (B) discussions가 정답이다.

어휘 **be hopeful that** ~이기를 바라다 **executive** 임원 **mutually** 상호, 서로 간에 **beneficial** 이득이 되는, 유익한 **discuss** ~을 논의하다, 이야기하다 **discussion** 논의

2.

정답 (D)

해석 사무실 내의 직원 생산성을 증가시키기 위해, 데보나 모터스 사는 직원 보상 프로그램을 시행했다.

해설 to부정사로 쓰인 increase 뒤로 가산명사가 부정관사 없이 복수형도 아닌 채로 쓰여 있으므로 빈칸에 또 다른 명사가 필요하다는 것을 알 수 있다. 따라서 employee와 복합명사를 구성해 실제 증가 대상을 나타낼 '생산성'을 뜻하는 명사 (D) productivity가 정답이다.

어휘 increase ~을 증가시키다 implement ~을 시행하다 incentive 보상(책), 장려(책) productively 생산적으로 productive 생산적인 product 제품 productivity 생산성

3.

정답 (B)

해석 자신의 업무 보조 직원들이 모두 휴가 중이었기 때문에, 클락슨 씨는 직접 예산 보고서를 수정해야 했다.

해설 전치사 by 뒤에 빈칸이 있으므로 빈칸은 목적어 역할을 할 수 있는 대명사 자리이다. 여기서 목적어는 주절의 주어를 가리키므로 주어와 동일 대상을 가리킬 때 사용하는 재귀대명사 (B) himself가 정답이다.

어휘 assistant 보조, 조수 on vacation 휴가 중인 revise ~을 수정하다 budget 예산 by oneself 직접, 스스로, 혼자

4.

정답 (A)

해석 수개월 동안의 협의 끝에, 제니스타 사는 로퍼 앤 코 사와 합의에 이르렀다.

해설 빈칸 뒤에 목적어가 있으므로 빈칸에는 타동사가 필요하다. an agreement와 함께 쓰여 '합의에 이르다'라는 의미를 나타내는 타동사 reach의 과거분사인 (A) reached가 정답이다.

어휘 negotiation 협의, 협상 agreement 합의, 동의 reach ~에 이르다, 다다르다 experience ~을 경험하다, 겪다 decide ~을 결정하다

5.

정답 (D)

해석 어제 있었던 회의에서, 벤틀리 사의 대표이사가 던레비 케이터링 사와의 계약서에 서명했다.

해설 선택지가 모두 시제만 다르므로 시제 단서를 찾아야 한다. 문장 시작 부분에 과거 시간 표현이 있으므로 과거시제인 (D) signed가 정답이다.

어휘 sign a contract 계약(서)에 서명하다

6.

정답 (C)

해석 새롭게 선임된 지점장들을 환영하기 위해 저녁 만찬이 월도프 호텔에서 마련될 것이다.

해설 빈칸 앞에 관사와 부사가, 빈칸 뒤에 명사가 있으므로 빈칸은 부사의 수식을 받음과 동시에 명사를 수식할 분사 자리이다. 또한, '지점장'은 다른 사람들에 의해 선임되는 것이므로 수동의 의미를 나타내는 과거분사 (C) appointed가 정답이다.

어휘 arrange ~을 마련하다, 조치하다 branch 지점, 지사 appoint ~을 선임하다, 임명하다

7.

정답 (D)

해석 어떤 사람들이 신나는 놀이기구를 경험하기 위해 스플래시 캐년을 방문하는 반면, 다른 방문객들은 그저 걸어서 돌아다니며 경치를 즐기고 싶어 한다.

해설 빈칸 뒤에 명사가 있으므로 빈칸은 명사를 수식할 형용사 자리이다. 또한, 복수 가산명사를 수식하는 some과 연결되어 다른 일부를 나타내야 하므로 (D) other가 정답이다.

어휘 while ~인 반면 experience ~을 경험하다, 겪다 ride 놀이기구 simply 그저, 단순히 walk around 걸어서 돌아다니다 scenery 경치, 경관

8.

정답 (B)

해석 카프 씨는 더 시카고 포스트에서 22년 동안 기자로 근무했는데, 그곳에서 높이 평가받은 수많은 기사를 썼다.

해설 빈칸 뒤에 과거분사가 명사를 수식하고 있으므로 빈칸은 이 과거분사를 수식할 부사 자리이다. 따라서 (B) highly가 정답이다.

어휘 journalist 기자 numerous 수많은, 다수의 highly regarded 높이 평가받는

9.

정답 (C)

해석 잡지에서 인상적인 기사를 읽자마자, 젠킨스 씨는 생의학 회사에 지원하기로 결심했다.

해설 빈칸이 관사와 명사 사이에 있으므로 빈칸은 명사를 수식할 형용사 자리이다. 따라서 (C) impressive가 정답이다.

어휘 upon -ing ~하자마자 article 기사 journal 기사 decide ~을 결정하다 apply for ~에 지원하다 biomedical 생의학의 impression 인상 impress ~을 인상깊게 하다 impressive 인상적인 impressively 인상 깊게

10.

정답 (D)

해석 모든 이력서를 검토하고 있는 조지 씨는 자신의 부서에 가장 적격인 지원자를 채용해야 한다고 강력히 주장할 것이다.

해설 빈칸이 동사 앞에 있으므로 빈칸은 동사를 수식할 부사 자리이다. 따라서 (D) strongly가 정답이다.

어휘 look at ~을 살피다, 검토하다 résumé 이력서 recommend ~을 권하다 department 부서 hire ~을 고용하다 qualified 자격 요건을 갖춘 applicant 지원자 strength 힘, 강점 strongly 강력히

11.

정답 (D)

해석 축제 주최자가 행사 개최 장소와 여러 버스 및 지하철 노선을 연결하는 셔틀버스 서비스를 발표했다.

해설 빈칸 앞에 명사와 관계대명사가, 빈칸 뒤에는 명사와 전치사 구만 있으므로 빈칸은 that절의 동사 자리이다. 선행사가 단수이므로 단수동사 (D) connects가 정답이다.

어휘 organizer 주최자, 조직자 announce ~을 발표하다, 공지하다 venue 개최 장소 connect (A with B) (A를 B와) 연결하다 connection 연결, 접속, 관련

12.

정답 (D)

해석 팔머 씨는 뉴욕 본사로 전근 가기 전에, 보스턴 지사에서 근무했었다.

해설 빈칸 뒤로 두 개의 절이 콤마로 연결되어 있으므로 빈칸은 접속사 자리이다. 두 절의 동사의 시제가 과거시제와 과거완료 시제이므로 빈칸에는 이전 상황을 나타낼 접속사가 필요하다. 따라서 (D) Before가 정답이다.

어휘 transfer to ~로 전근 가다 headquarters 본사 already 이미, 벌써 in anticipation of ~을 예상하고 as soon as ~하자마자 before ~전에

13.

정답 (B)

해석 미란다 실바 박사가 좋은 신체 자세의 중요성에 관한 연구로 셔우드 상을 받았다.

해설 빈칸 뒤에 위치한 명사인 연구가 실바 박사가 상을 받은 이유에 해당되는 것으로 볼 수 있으므로 이유를 나타내는 전치사 (B) for가 정답이다.

어휘 award A B A에게 B를 주다, 수여하다 research 연구, 조사 importance 중요성 posture 자세

14.

정답 (C)

해석 노스팜의 의료 연구가들이 새로운 진통제가 무엇이든 부정적인 부작용을 야기하는지 밝힐 것이다.

해설 빈칸 앞에 타동사가 있고 빈칸 뒤로 주어와 동사가 포함된 절이 있으므로 이 절은 타동사의 목적어 역할을 하는 명사절이 되어야 한다. '무엇이든 부작용을 야기하는지를 밝힐 것이다'와 같은 불확실성을 포함한 의미가 되어야 자연스러우므로 '~인지 (아닌지)'를 뜻하는 명사절 접속사 (C) whether가 정답이다.

어휘 determine ~을 밝히다, 알아내다 pain medication 진통제 cause ~을 야기하다, 초래하다 negative 부정적인 side effect 부작용 whether ~인지 (아닌지) unless ~이 아니라면

15.

정답 (A)

해석 이글 산으로 차를 운전해 가는 일은 그 지역의 형편없이 관리된 도로들로 인해 어려울 수 있다.

해설 문장의 동사가 있으므로 빈칸부터 can 앞까지가 주어 자리이다. 따라서 빈칸 뒤의 전치사구와 결합해 주어 역할을 할 수 있는 동명사 (A) Driving이 정답이다.

어휘 due to ~로 인해, ~ 때문에 poorly 형편없이, 좋지 못하게 maintain ~을 유지 관리하다

16.
정답 (D)

해석 햄튼 대학교의 경영학 교수인 프랭크 라일즈 씨가 시간 관리 기술에 관해 강연하실 것입니다.

해설 빈칸 앞에는 '강연'이라는 명사가, 뒤에는 '시간 관리 기술'을 뜻하는 명사구가 쓰여 있는데, 이는 강연의 주제라고 판단할 수 있으므로 (D) on이 정답이다.

어휘 deliver a lecture 강연하다 management 관리, 운영, 경영 skill 기술, 능력

Part 6

| 17. (A) | 18. (B) | 19. (D) | 20. (A) | 21. (D) |
| 22. (B) | 23. (D) | 24. (A) | | |

17-20.

저희 매장에서 식물을 구매해주셔서 감사합니다. 귀하의 식물을 **17** 보호하며 잘 자라도록 돕기 위해 이러한 따라하기 쉬운 가이드라인을 지켜주십시오.

우선, 귀하의 식물들은 살아남기 위해 물, 빛, 그리고 온기를 필요로 합니다. 귀하의 식물을 적절한 화분이나 영양분이 가득한 흙으로 채운 구유에 놓아주십시오. 그리고 나서, **18** 간단히 충분한 햇빛을 받을 수 있는 곳에 놓아주십시오. 반드시 규칙적으로 귀하의 식물에 물을 주셔야 합니다. **19** 그렇지 않으면, 시들기 시작하면서 결국에는 죽을 것입니다. **20** 이러한 지시사항들을 따름으로써, 귀하께서는 귀하의 식물들을 건강하게 유지할 수 있습니다.

어휘 stick to ~을 지키다, 고수하다 easy-to-follow 따르기 쉬운 flourish 잘 자라다, 번성하다 require ~을 필요로 하다 warmth 온기, 따스함 survive 살아남다 place ~을 놓다, 두다 suitable 적절한 pot 화분 trough 구유 filled with ~으로 채운 nutrient-rich 영양분이 가득한 soil 흙, 토양 position ~을 놓다, 위치시키다 receive ~을 받다 ample 충분한 on a regular basis 규칙적으로 wither 시들다 eventually 결국 die 죽다

17.
정답 (A)

해설 빈칸 앞에는 가이드라인을 지켜야 한다는 말이, 빈칸 뒤에는 잘 자라도록 돕는다는 말이 있으므로 빈칸에는 가이드라인을 지키는 것이 식물에게 끼칠 영향을 나타낼 어휘가 필요하다. 따라서 '~을 보호하다'라는 뜻의 (A) preserve가 정답이다.

어휘 preserve ~을 보호하다 select ~을 고르다, 선택하다

18.
정답 (B)

해설 빈칸 뒤에 동사원형으로 시작하는 명령문이 있으므로 빈칸은 동사를 수식할 부사 자리이다. 따라서 (B) simply가 정답이다.

어휘 simplify ~을 단순화하다 simply 단순히, 간단히 simple 간단한 simplistically 극단적으로 단순화하여

19.
정답 (D)

해설 빈칸 앞에는 주기적으로 식물에게 물을 주어야 한다는 내용이, 빈칸 뒤에는 식물이 시들거나 죽을 것이라는 내용이 제시되어 있다. 식물이 시들거나 죽는다는 것을 주기적으로 물을 주지 않았을 때 생길 수 있는 현상으로 빈칸에는 가정을 나타내는 접속부사가 들어가야 한다. 따라서 (D) Otherwise가 정답이다.

어휘 meanwhile 그러는 동안에 however 그러나 thus 그래서 otherwise 그렇지 않으면

20.
정답 (A)

해석 (A) 이러한 지시사항들을 따름으로써, 귀하께서는 귀하의 식물들을 건강하게 유지할 수 있습니다.
(B) 이것들은 팔머스톤 식물에서 저렴한 가격에 구매하실 수 있습니다.
(C) 귀하께 야기된 어떠한 불편함에 대해 사과드립니다.
(D) 기기들은 정기적으로 청소되어야 한다는 것을 기억하십시오.

해설 지시문의 맨 마지막 문장에 들어갈 문장으로서 앞서 식물 구매자들에게 지시사항을 전달한 이유를 나타낼 문장이 빈칸에 들어가야 한다. 따라서, 지시사항을 따름으로써 식물을 건강히 유지시킬 수 있다는 내용의 (A)가 정답이다.

어휘 instruction 지시사항 affordable 저렴한 apologize 사과하다 inconvenience 불편 device 기기

21-24.

프랫 씨께,

귀사의 본사에 근무하는 직원들에게 영양가 있는 식사를 21 제공하기 위해 저희 회사를 고용하는 데 있어 훌륭한 결정을 내리셨습니다. 저는 지난주 금요일에 있었던 회의 중에 저희가 논의했던 몇몇 조건들을 최종 확정하고자 이 메시지를 씁니다. 합의한 바와 같이, 귀사에서 특정 요일에 얼마나 많은 식사를 필요로 하시는지 저희에게 22 알려 주시기 위해 월요일부터 금요일까지 매일 대략 오전 9시 30분에 저희에게 연락하시게 됩니다. 저희는 그 후에 귀사의 직원들을 위해 점심 식사를 준비해 늦어도 정오까지는 사무실로 배달해 드릴 것입니다. 귀사의 직원들 중 어느 분이든 식사와 관련된 요구 사항이 있으시면, 저희는 기꺼이 그것들을 수용할 것입니다. 23 게다가, 귀사에서 최소 일주일 전에 미리 저희에게 알려주시기만 하면, 저희 세트 메뉴를 전적으로 맞춤 제공해 드릴 수도 있습니다.

위에 간략히 말씀드린 준비사항에 만족하신다고 확인해 주시는 대로, 정식 계약서를 작성해 보내 드리겠습니다. 24 저는 저희가 함께 긴밀한 사업 관계를 형성할 것이라고 확신합니다.

안녕히 계십시오.

쉐릴 분, 그린필즈 케이터링

어휘 **make a decision** 결정을 내리다 **hire** ~을 고용하다
nutritious 영양가 있는 **headquarters** 본사 **finalize**
~을 최종 확정하다 **terms** (계약 등의) 조건, 조항 **discuss**
~을 논의하다 **agree** 합의하다 **approximately** 약, 대
략 **require** ~을 필요로 하다 **particular** 특정한 **no later
than** 늦어도 ~까지는 **dietary** 식사의 **requirement** 요구,
요건 **accommodate** ~을 수용하다 **fully** 전적으로, 완전히
customize ~을 맞춤 제공하다 **as long as** ~하기만 하면
notify ~에게 알리다 **in advance** 미리, 사전에 **once** 일단
~하는 대로, ~하자마자 **arrangement** 준비, 조치 **formal**
정식의, 공식적인 **contract** 계약(서) **draw up** ~을 작성하
다

21.

정답 (D)

해설 문장에 이미 동사가 있으므로 provide는 동사의 형태로 쓰일 수 없으며, '직원들에게 영양가 있는 식사를 제공하기 위해'라는 목적을 나타내는 역할을 해야 알맞다. 따라서 (D) to provide가 정답이다.

어휘 **provide** ~을 제공하다

22.

정답 (B)

해설 빈칸 뒤에 사람 목적어 us와 의문사 how 명사절이 있으므로 「사람 목적어 + 의문사 명사절」의 구조와 함께 쓰일 수 있는 (B) inform이 정답이다.

어휘 **inform A how** 얼마나 ~한지 A에게 알리다 **describe** ~을 설명하다 **clarify** ~을 분명히 말하다, 명확하게 하다

23.

정답 (D)

해설 앞 문장에는 식사 관련 요구 사항들을 수용하겠다는 말이 있고, 빈칸 뒤에는 세트 메뉴를 맞춤 제공해 주겠다는 말이 쓰여 있다. 따라서 업체 측에서 해줄 수 있는 서비스를 추가로 알리는 흐름임을 알 수 있으므로 추가 접속부사 (D) Furthermore가 정답이다.

어휘 **consequently** 결과적으로 **recently** 최근에 **instead** 대신에 **furthermore** 게다가, 더욱이

24.

정답 (A)

해석 (A) 저는 저희가 함께 긴밀한 사업 관계를 형성할 것이라고 확신합니다.
(B) 그린필즈에서의 첫 근무일에 귀하를 맞이할 수 있기를 고대합니다.
(C) 행사 메뉴에 대해 논의할 시간이 있을 때 알려주십시오.
(D) 저희 상품과 서비스에 대한 귀하의 피드백에 진심으로 감사드립니다.

해설 지문 전체적으로 첫 거래를 위해 가진 회의 내용을 요약하고 있고, 빈칸 바로 앞에는 그 요약 내용에 만족할 경우에 정식 계약서를 보내겠다고 알리고 있다. 따라서 이제 막 계약이 성사되려는 시점이므로 상대 업체와 함께 좋은 관계를 형성하기를 원하는 바람을 담은 (A)가 정답이다.

어휘 **be confident that** ~임을 확신하다 **establish** ~을 형성하다, 확립하다 **relationship** 관계 **look forward to -ing** ~하기를 고대하다 **be free to do** ~할 시간이 있다 **appreciate** ~에 대해 감사하다

Day 04 Part 5, 6 실전 연습

Part 5

1. (A)	**2.** (D)	**3.** (B)	**4.** (B)	**5.** (A)
6. (C)	**7.** (B)	**8.** (B)	**9.** (D)	**10.** (C)
11. (D)	**12.** (C)	**13.** (B)	**14.** (C)	**15.** (A)
16. (C)				

1.
정답 (A)

해석 건축가는 공사 프로젝트를 시작하기 위해 건축 허가서를 신청했다.

해설 빈칸 앞에 위치한 동사의 뜻이 '~을 신청하다'이므로 빈칸 앞의 명사 building이 공사 시작을 위한 신청 대상으로 맞지 않는다는 것을 알 수 있다. 따라서 building과 복합명사를 구성해 실제 신청 대상을 나타낼 '허가증'을 뜻하는 permit이 쓰여야 자연스러운데, 부정관사 a가 쓰여 있어 단수 형태가 되어야 하므로 (A) permit이 정답이다.

어휘 **architect** 건축가 **apply for** ~을 신청하다, ~에 지원하다 **permit** n. 허가서 v. ~을 허용하다 **permission** 허가, 승인

2.
정답 (D)

해석 고객들께서는 555-2376번의 폴 하딩 씨와 이야기하셔서 저희의 어떤 프리미엄 채널에 대한 서비스 이용이든 갱신하실 수 있습니다.

해설 빈칸 앞에 타동사가 있으므로 빈칸에는 목적어 역할을 할 명사가 필요한데, 갱신 대상이 되는 것은 서비스이므로 (D) subscriptions가 정답이다.

어휘 **renew** ~을 갱신하다, 재개하다 **subscribe** 서비스에 가입하다, 구독 신청하다 **subscriber** 서비스 가입자, 구독자 **subscription** 서비스 가입, 구독 신청

3.
정답 (B)

해석 구직 지원자들은 배정된 시간 내에 스스로 직무 능력 시험을 쳐야 합니다.

해설 빈칸 앞에 위치한 전치사 on과 결합할 수 있는 대명사 특수 구조를 골라야 하므로 (B) their own이 정답이다.

어휘 **applicant** 지원자, 신청자 **take a test** 시험을 치다 **proficiency** 능숙, 숙달 **on one's own** 혼자, 스스로 **within** ~ 이내에 **allocated** 배정된, 할당된

4.
정답 (B)

해석 레스토랑 매니저는 좋지 못한 서비스에 대해 사과하기 위해 리치 씨에게 무료 식사 쿠폰을 제공했다.

해설 빈칸 뒤에 두 개의 목적어가 나란히 위치해 있으므로 두 개의 목적어를 취하는 (B) offered가 정답이다.

어휘 **free** 무료의 **voucher** 쿠폰, 상품권 **apologize for** ~에 대해 사과하다 **poor** 좋지 못한, 형편 없는 **travel** 여행하다, 이동하다 **offer A B** A에게 B를 제공하다

5.
정답 (A)

해석 애거트 일렉트로닉스 사가 포틀랜드에서 곧 열리는 기술 컨벤션에서 자사의 새 휴대전화 제품 사용법을 시연할 것이다.

해설 빈칸 앞에 조동사가 있으므로 빈칸에는 동사원형이 들어가야 하는데, 빈칸 뒤에 명사가 있으므로 이 명사를 목적어로 취할 수 있는 능동태 (A) demonstrate이 정답이다.

어휘 **upcoming** 곧 있을, 다가오는 **technology** 기술 **demonstrate** ~의 사용법을 시연하다, 시범 보이다

6.
정답 (C)

해석 그 영업부장은 새 마케팅 캠페인 이후 최근의 매출 급등에 대해 놀라워하고 있다.

해설 빈칸 앞에 위치한 is surprised는 전치사 at과 결합해 놀라움을 나타내므로 (C) at이 정답이다.

어휘 **sales** 영업, 매출, 판매(량) **be surprised at** ~에 대해 놀라워하다 **recent** 최근의 **surge in** ~의 급등

7.
정답 (B)

해석 프레시웨이즈 슈퍼마켓은 야간 교대 근무조로 일하는 직원들을 대상으로 초과 근무 수당을 인상하기로 결정했다.

해설 빈칸 앞에 쓰인 동사 decide는 to부정사를 목적어로 취하므로 (B) to increase가 정답이다.

어휘 decide to do ~하기로 결정하다 overtime rate 초과 근무 수당 shift 교대 근무(조) increase ~을 인상하다, 증가시키다

8.
정답 (B)

해석 개스턴 그릴 앤 비스트로는 건강에 좋은 곁들임 요리들을 메뉴에 추가함으로써 많은 신규 고객들을 끌어들이기를 바라고 있다.

해설 빈칸 앞에 전치사가 있고 빈칸 뒤에 명사구가 있으므로 전치사의 목적어 역할을 하면서 명사구를 목적어로 취할 수 있는 동명사 (B) adding이 정답이다.

어휘 hope to do ~하기를 바라다 attract ~을 끌어들이다 by ~함으로써, ~해서 add ~을 추가하다 addition 추가(되는 것)

9.
정답 (D)

해석 새로운 저희 프로테우스 3 휴대전화의 화면은 시중에 나와 있는 기존의 어떤 접이식 휴대전화기의 화면보다 훨씬 더 큽니다.

해설 빈칸이 any와 foldable cell phone 사이에 위치해 있으므로 빈칸에는 명사구를 수식할 단어가 필요한 자리인데, 자동사 exist는 현재분사의 형태로만 사용되므로 (D) existing이 정답이다.

어휘 much (비교급 수식) 훨씬 foldable 접이식의, 접을 수 있는 on the market 시중에 나와 있는 exist 존재하다 existing 기존의

10.
정답 (C)

해석 회사 도서관에서 빌린 모든 도서는 반드시 늦지 않게 반납되어야 합니다.

해설 빈칸이 관사와 명사 사이에 위치해 있으므로 빈칸은 명사를 수식할 형용사 자리이다. 따라서 (C) timely가 정답이다.

어휘 borrow ~을 빌리다 return ~을 반납하다, 반환하다 in a timely manner 늦지 않게, 적절한 시기에

11.
정답 (D)

해석 마티 맥킨즈 씨는 원래 인턴이었지만, 지난달에 홍보팀 팀장으로 승진되었다.

해설 빈칸이 be동사 was와 명사구 보어 an intern 사이에 있으므로 명사(구) 앞에 쓰일 수 있는 부사 (D) originally가 정답이다.

어휘 promote ~을 승진시키다 public relations 홍보 origin 기원, 유래 original 원래의, 원본의 originality 독창성 originally 원래, 애초에

12.
정답 (C)

해석 일본은 석유와 기타 에너지 자원의 수요를 맞추기 위해 수입에 심하게 의존해 왔다.

해설 동사 rely on은 1형식 자동사구이고, 동사를 수식할 수 있는 것은 부사이므로 (C) heavily가 정답이다.

어휘 rely on ~에 의존하다 meet the demand 수요를 맞추다 energy sources 에너지원 heavily 심하게

13.
정답 (B)

해석 에다드 제조사의 생산량이 올해 감소한 반면, 월간 순수익은 상당히 증가해 왔다.

해설 선택지가 모두 부사절 접속사이므로 의미상 알맞은 것을 찾아야 한다. '생산량이 감소한 반면, 월간 순수익은 상당히 증가했다'와 같은 상반 관계가 되어야 알맞으므로 '~한 반면'을 뜻하는 (B) While이 정답이다.

어휘 output 생산량 decline 감소하다, 하락하다 monthly 월간의 net profit 순수익, 순이익 increase 증가하다, 오르다 significantly 상당히 while ~한 반면 until ~할 때까지 as long as ~하는 한, ~하기만 하면

14.
정답 (C)

해석 여러 베스트셀러 소설을 집필했지만, 티모시 쿡 씨는 자신의 작품에 대해 아직 상을 받지 못했다.

해설 빈칸 뒤에 접속사와 주어가 없는 채로 과거분사만 있으므로 목적을 나타내는 to부정사구를 구성할 수 있는 (A) To have 와 분사구문을 구성할 수 있는 (C) Having 중에서 하나를 골라야 한다. to부정사를 고르면 '베스트셀러 소설을 쓰기 위해, 상을 받은 적이 없다'라는 어색한 의미가 되므로 분사구문을 구성하는 (C) Having이 정답이다.

어휘 **novel** 소설 **win an award** 상을 받다 **work** 작품, 작업 (물)

15.

정답 (A)

해석 가격이 적당한 주택 및 많은 수의 학교들 때문에, 렙포드 지역은 젊은 가정들에게 매우 인기가 있다.

해설 빈칸과 콤마 사이에 두 개의 명사구가 and로 연결되어 있으므로 이 두 개의 명사구들을 목적어로 취할 전치사가 빈칸에 와야 한다. 따라서 선택지에서 유일한 전치사인 (A) Owing to가 정답이다.

어휘 **affordable** 가격이 적당한 **housing** 주택 **neighborhood** 지역, 인근 **owing to** ~ 때문에 **assuming (that)** ~라고 가정하면 **rather** 다소, 오히려

16.

정답 (C)

해석 다가오는 8월에 제3회 연례 살렘 축제가 도시 전역에서 열릴 예정이다.

해설 빈칸 뒤 명사가 장소 명사이고, 축제는 도시 전역에서 개최되므로 장소 전체를 통틀어 가리키는 (C) throughout이 정답이다.

어휘 **coming** 다가오는 **annual** 연례의 **be going to do** ~할 예정이다 **hold** ~을 열다, 개최하다 **next** 다음의 **on** ~위에 **throughout** ~전역에서 **between** ~사이에서

Part 6

| 17. (C) | 18. (B) | 19. (C) | 20. (C) | 21. (D) |
| 22. (A) | 23. (B) | 24. (C) | | |

17-20.

저희 케이준 프라이드 치킨에서, 저희 고객들과 함께 개업 50주년을 기념하고자 합니다. 따라서, 이번 주에 한해, 저희 주 메뉴의 치킨 샌드위치, 버거, 또는 버킷 중 어느 것을 주문하시던지 무료 아이스크림 선디와 라지 탄산 음료가 **17** 포함될 것입니다.

고객 여러분께서는 11월 16일 일요일 영업 종료 시간까지 영국 전역에 있는 저희 지점 33곳 어디에서든 이 **18** 특별 서비스를 이용하실 수 있습니다.

추가로, 저희는 11월 한 달 내내 신나는 상품을 받으실 수 있는 콘테스트 참가 기회를 고객 여러분께 제공해 드릴 것입니다. 단지 **19** 여러분의 영수증에서 찾아보실 수 있는 고유 코드를 확인하신 다음, www.cfc.co.uk/prizedraw에서 입력하시기만 하면 됩니다. **20** 이런 방법으로 저희는 고객 여러분의 성원에 감사드리고자 합니다.

어휘 **celebrate** ~을 기념하다, 축하하다 **purchase** 구매(품) **take advantage of** ~을 이용하다 **throughout** ~ 전역에 걸쳐, ~ 동안 내내 **additionally** 추가로, 게다가 **enter** ~에 참가하다, ~을 입력하다 **win** (상 등) ~을 받다, 타다 **prize** 상품, 상 **unique** 고유한, 독특한 **receipt** 영수증

17.

정답 (C)

해설 빈칸 앞에 전치사구와 주어가 있고, 빈칸 뒤에 전치사구만 있으므로 빈칸은 동사 자리이다. 문장 맨 앞에 쓰인 for this weekend only가 서비스가 제공되는 특정 미래 시점을 나타내므로 미래시제를 대신할 수 있는 현재진행시제 (C) are being included가 정답이다.

어휘 **include** ~을 포함하다

18.

정답 (B)

해설 선택지가 모두 명사이므로 의미가 알맞은 것을 찾아야 한다. 빈칸 뒤에 앞서 언급한 것을 이용할 수 있는 장소를 알리고 있고, 앞 문장에 기념을 위해 이번 주말에 한해 이용할 수 있는 특별 서비스가 언급되어 있으므로 '제안'을 뜻하는 (B) offer가 정답이다.

어휘 **item** 제품, 품목 **offer** 제안 **vacancy** 공석, 빈 자리 **range** 제품군, 범위, 종류

19.

정답 (C)

해설 빈칸 앞의 내용으로 보아 빈칸 뒤에 있는 영수증은 고유 코드가 적힌 영수증을 의미한다는 것을 알 수 있다. 여기서 영수증은 이 광고에 담긴 정보를 보는 사람들, 즉 고객들이 갖고 있는 영수증이어야 하므로 상대방을 지칭할 때 사용하는 대명사인 (C) your가 정답이다.

20.

정답 (C)

해석 (A) 놀라운 저희 경품들 중 하나를 받게 되신 것에 대해 축하드립니다.
(B) 저희 메뉴의 새로운 추가 품목을 즐기시기를 바랍니다.
(C) 이런 방법으로 저희는 고객 여러분의 성원에 감사드리고자 합니다.
(D) 다시 한번, 일부 저희 영국 지점들을 닫는 것에 대해 사과드립니다.

해설 지문 전반적으로 50주년을 기념하기 위한 무료 서비스 이용 방법과 콘테스트 참가 기회에 관해 설명하고 있다. 따라서 이와 같은 혜택을 하나로 가리키는 This와 함께 그러한 행사들을 진행하는 이유로서 고객에게 감사하는 방법임을 언급하는 내용을 담은 (C)가 정답이다.

어휘 Congratulations on ~에 대해 축하 드립니다 amazing 놀라운 addition 추가(되는 것) patronage 성원 apologize for ~에 대해 사과하다

21-24.

뉴 라이프 슈퍼마켓

매장 회원제

뉴 라이프 슈퍼마켓은 주 내에 있는 어느 식료품 매장들 중에서 **21** 가장 매력적인 회원제를 실시하고 있습니다. **22** 매장 회원들께서는 매장 내에서 스탬프를 모으실 수 있습니다. 특별 행사 기간 동안, 쇼핑객들께서는 특별히 홍보되는 상품을 구입하실 때 회원용 소책자에 스탬프를 받으실 수 있습니다. 스탬프가 모두 찍힌 책자는 영화 티켓, 레스토랑 및 호텔 상품권, 그리고 매장 내 무료 제품 등과 같은 아주 다양한 보상 상품으로 **23** 교환될 수 있습니다. **24** 추가적으로, 회원용 소책자에는 어느 뉴 라이프 슈퍼마켓 지점에서든지 사용하실 수 있으며 넉넉히 할인을 받으실 수 있는 여러 가지 쿠폰들이 포함되어 있습니다.

어휘 membership plan 회원제 grocery store 식료품점 during ~ 동안 receive ~을 받다 booklet 소책자, 팸플릿 specially 특별히 promoted 홍보되는 merchandise 상품 completed 완료된 a wide variety of 아주 다양한 reward 보상 contain ~을 포함하다 generous 후한, 넉넉한 location 지점, 위치

21.

정답 (D)

해설 빈칸이 관사와 명사 사이에 있으므로 빈칸은 명사를 수식할 형용사 자리이다. 그런데 '어느 식료품 매장들 중에서'라는 의미로 비교 대상을 나타내는 of any grocery store가 있으므로 최상급 형용사를 구성하는 (D) most attractive가 정답이다.

어휘 attractively 보기 좋게, 매력적으로 attractive 매력적인 attractiveness 매력, 끌어 당기는 힘

22.

정답 (A)

해석 **(A) 매장 회원들께서는 매장 내에서 스탬프를 받으실 수 있습니다.**
(B) 이 소책자를 특별 상품으로 교환하실 수 있습니다.
(C) 저희는 귀하의 회원 가입 신청서를 받았습니다.
(D) 매장 회원들은 매년 새로운 카드를 발급 받습니다.

해설 빈칸 뒤에 이어지는 문장은 특별 행사 중에 회원용 소책자에 스탬프를 받을 수 있는 조건을 설명하고 있다. 따라서 해당 스탬프를 언급해 그것을 받을 수 있는 장소를 말하는 (A)가 정답이다.

어휘 collect ~을 모으다 in-store 매장 내에서 exchange A for B A를 B로 교환하다 application 신청서, 지원서 issue ~을 발급하다 annually 해마다, 연례적으로

23.

정답 (B)

해설 빈칸 뒤에는 스탬프를 다 받은 소책자를 이용해 누릴 수 있는 상세 혜택이 설명되어 있다. 따라서 '~로 교환될 수 있다'라는 의미를 나타낼 때 사용하는 (B) redeemed가 정답이다.

어휘 purchase ~을 구입하다 redeem A for B A를 B로 교환하다, 바꾸다 refund ~을 환불해 주다 perform ~을 수행하다, 시행하다

24.

정답 (C)

해설 앞선 문장에는 보상용 상품이 상세히 설명되어 있고, 뒤에 있는 문장에서는 할인 쿠폰이 들어 있음을 언급하고 있다. 이는 추가적인 혜택을 덧붙이는 것이므로 추가를 나타낼 때 사용하는 (C) In addition이 정답이다.

어휘 instead 그 대신에 thus 따라서, 그러므로 in addition 추가적으로 nevertheless 그럼에도 불구하고

Day 05 Part 7 실전 연습

Part 7

1. (C)	2. (D)	3. (C)	4. (B)	5. (C)

1-2.

> **페르세우스 디렉트를 확인해 보십시오!**
>
> 요즘 일정이 바쁘신가요? 식료품이나 기타 상품을 쇼핑하실 시간을 찾기 어렵다고 생각하고 계신가요? 그러시다면, 모바일 기기에 '페르세우스 디렉트' 애플리케이션을 설치하셔야 합니다. '페르세우스 디렉트'는 카버 시티 및 인근 지역에 위치한 3,000개가 넘는 업체들과 제휴를 맺고 있으며, **1** 여러분을 위해 아주 다양한 제품을 받아 자택으로 가져다 드릴 준비가 되어 대기하고 있습니다. 신선한 농산품과 제과 제품에서부터 운동 장비와 비타민 보충제에 이르기까지, 신속하고 편리하게 전달해 드릴 수 있습니다. **2** 저희는 이미 약 30명의 기사들로 구성된 팀을 고용하고 있으며, 20명을 더 추가하는 과정에 있습니다. 따라서, 여러분의 필요를 충족시켜 드릴 수 있는 사람을 언제든지 찾아보실 수 있을 것입니다. 선호하시는 앱 스토어에서 '페르세우스 디렉트'를 다운로드하시거나 www.perseusdirectonline.ca를 방문하셔서 더 많은 정보를 알아보시기 바랍니다.

어휘 check out ~을 확인해 보다 groceries 식료품 goods 상품 if so 그렇다면 install ~을 설치하다 device 기기, 장치 partner with ~와 제휴하다 surrounding 인근의 a wide variety of 아주 다양한 produce n. 농산품 equipment 장비 supplement 보충(제) get A to B

A를 B에게 갖다 주다 conveniently 편리하게 employ ~을 고용하다 around 약, 대략 in the process of -ing ~하는 과정에 있는 add ~을 추가하다 available 이용 가능한, 시간이 나는 meet (조건 등) ~을 충족하다 preferred 선호하는 find out ~을 알아보다

---

1. 페르세우스 디렉트는 무슨 종류의 업체인가?
(A) 식료품 매장
(B) 소프트웨어 개발업체
(C) 배달 서비스 회사
(D) 피트니스 센터

정답 (C)

해설 지문 중반부에 아주 다양한 제품을 받아 자택으로 가져다줄 준비가 되어 대기하고 있다고 알리고 있다. 이는 배달 서비스를 말하는 것이므로 (C)가 정답이다.

어휘 developer 개발업체, 개발자

---

2. 페르세우스 디렉트에 관해 알려진 것은 무엇인가?
(A) 해외로 사업을 확장하고 있다.
(B) 여러 가지 상을 받았다.
(C) 등록비를 필요로 한다.
(D) 직원을 추가로 고용하는 중이다.

정답 (D)

해설 지문 후반부에 이미 약 30명의 기사들로 구성된 팀을 고용하고 있고 20명을 더 추가하는 과정에 있다고 알리고 있으므로 (D)가 정답이다.

어휘 expand (사업 등을) 확장하다, 확대하다 overseas 해외로 win an award 상을 받다 require ~을 필요로 하다 registration 등록 fee 요금, 수수료

3-5.

> **로츠 테크놀로지 사, 카메라프로 사와 합병 사실 확인**
>
> 1월 13일
> 리사 피츠시몬스
>
> **3** 컴퓨터와 스테레오 장비 분야에서 선두를 달리는 소매업체인 로츠 테크놀로지 사는 오늘 카메라프로 사와의 합병 협상을 성공

적으로 끝냈다고 발표했다. 이 굴지의 테크놀로지 업체는 카메라와 관련 부품 분야를 포함함으로써 소매 취급 품목을 확대하는 데 관심을 나타냈었다. 로츠 테크놀로지는 소매 독점권에 대한 명목으로 카메라 제조업체에 1천 50만 달러를 제시했다. 두 업체는 지난 두 달 동안 협상을 지속해 왔다. 카메라프로 측에서 제시한 조건 중의 하나는 합병 후에도 현재 카메라프로의 전체 인력을 그대로 ▣4 유지하는 것이며, 이 조건에 로츠 테크놀로지사는 결국 동의하였다.

1월 10일에 있었던 기자회견에서 카메라프로의 대표인 트로이 월쉬 씨는 "▣5 카메라프로는 제 조부님의 지하실에서 처음 시작되었습니다. 조부께서 고용한 첫 직원은 그의 형과 어머니, 그리고 두 명의 사촌이었습니다. 우리는 이러한 가족 중심의 사업 철학을 유지해 왔으며, 합병으로 인한 금전적 이익을 취하는 것이, 우리 직원, 즉 가족 중 누구 하나라도 일자리를 잃는 일이라면 옳지 않다고 생각합니다."라고 밝혔다.

기자회견 동안 로츠 테크놀로지의 창업주이자 대표 대행인 캐런 브래디 씨는 "우리가 회사를 운영하는 것에 관련하여 접근방식이나 철학에 있어 차이가 있을지라도, 저는 월쉬 씨와 그의 팀에 대한 변함없는 의리를 존경하게 되었습니다. 우리는 카메라프로의 전 직원들을 로츠 테크놀로지의 식구로 맞이하게 되어 더 없는 영광으로 생각하며, 카메라 생산과 회사 정책에 관한 한 그들로부터 많은 것을 배울 것으로 기대합니다."라고 응답했다. 로츠 테크놀로지의 고객들은 3월 1일부터 카메라프로의 다양한 카메라 제품과 관련 부속품을 로츠 테크놀로지의 전 소매점과 온라인 매장에서 찾아볼 수 있을 것이다.

어휘 confirm ~을 확인하다, 확정하다 merger 합병 leading 선두의 retailer 소매업체 negotiation 협상 express ~을 나타내다, 표현하다 retail 소매의 offering 제공한 것 related 관련된 manufacturer 제조업체 sole 단독의 retailing 소매업 stipulation 조항, 항목 retain ~을 보유하다, 유지하다 condition (요구) 조건 eventually 결국에 concede 인정하다, 승낙하다 press conference 기자회견 state (정식으로) 말하다 basement 지하실 maintain ~을 유지하다 philosophy 철학 accept ~을 받아들이다 financial gain 금전적 이익 lose one's job 일자리를 잃다, 실직하다 acting 대행의, 대리의 approach 접근 방식 regarding ~에 관하여 run (사업 등을) ~을 운영하다 come to do ~하게 되다 undying 불멸의, 변함 없는 loyalty 충성심, 의리 be honored to do ~하게 되어 영광이다 entire 전체의 look forward to -ing ~할 것을 기대하다 as far as A is concerned A에 관한 한 manufacturing 제조, 생산

3. 이 기사의 주제는 무엇인가?
(A) 기업에서의 리더 교체
(B) 기업의 재정적 성과
(C) 새로운 기업 인수
(D) 신제품 발표

정답 (C)

해설 지문의 첫 단락 첫 문장에서 두 기업 간의 합병을 위한 협상이 완료되었다고 언급되어 있다. 따라서 이를 '기업 인수'로 표현한 (C)가 정답이다.

어휘 firm 회사 acquisition 인수 announcement 발표

4. 첫 번째 단락 여섯 번째 줄에 있는 단어 "retain"과 가장 의미가 가까운 것은?
(A) 기억하다
(B) 유지시키다
(C) 지불하다
(D) 제공하다

정답 (B)

해설 동사 retain의 목적어가 현재 카메라프로의 전체 인력이므로 (all current CameraPro employees) 문맥상 합병 후에도 직원들을 그대로 '유지한다'라는 의미로 쓰인 것을 알 수 있다. 따라서 '~을 유지하다'라는 뜻을 가진 (B) keep이 정답이다.

5. 카메라프로에 대해 언급된 것은?
(A) 최신 모델이 엄청난 성공을 거두었다.
(B) 본사를 최근에 옮겼다.
(C) 가족 기업으로 설립되었다.
(D) 곧 일부 직원을 잃을 것이다.

정답 (C)

해설 두 번째 단락 첫 번째 줄에서 카메라프로는 할아버지의 지하실에서 시작하였고, 첫 번째 직원은 그의 형, 어머니, 두 명의 사촌이었다'고 말한 부분에서 가족 구성원이 모여 기업으로 발전하여 가업이 되었다는 것을 알 수 있다. 따라서 (C)가 정답이다.

어휘 latest 최신의 success 성공 headquarters 본부, 본사 establish ~을 설립하다 family business 가족 기업, 가업